외국인을 위한
생생 한국 문화

지은이 **안순태**

서울대학교 국어국문학과 박사과정을 졸업하고(문학박사), 서울대학교 기초교육원 교수를 거쳐 현재 울산대학교 국어국문학부 교수로 재직 중이다. 주요 저서로 『남공철 산문 연구』, 『작은 것의 아름다움』(역서) 등이 있다.

.

외국인을 위한
생생 한국 문화

초판 1쇄 발행 2021년 9월 1일
초판 2쇄 발행 2024년 9월 20일

지은이 | 안순태
펴낸곳 | (주)태학사
등록 | 제406-2020-000008호
주소 | 경기도 파주시 광인사길 217
전화 | 031-955-7580
전송 | 031-955-0910
전자우편 | thspub@daum.net
홈페이지 | www.thaehaksa.com

이 책에 직간접적으로 게재를 허락해 주신 모든 분께 감사드립니다.
저작권자와 연락이 닿지 않아 부득이 허가를 구하지 못한 일부 자료에 대해서는
연락 주시는 대로 적법한 절차를 따르겠습니다.

값 16,000원
ISBN 979-11-90727-76-1 93300

KOMCA 승인필

외국인을 위한

생생
한국 문화

안순태 지음

태학사

머리말

최근 세계적으로 한국 문화에 관심을 가지는 사람들이 급증하고 있다. 〈오징어 게임〉과 같은 드라마, 〈기생충〉과 같은 영화, BTS와 같은 케이팝(K-Pop) 덕분이다. 드라마 〈대장금〉, 영화 〈기생충〉, IT 기술력, BTS, K-방역 덕분이다. 〈대장금〉, 〈기생충〉, IT 기술력, BTS, K-방역은 모두 한국에서 이루어진 것들이다. 결국 이것들은 모두 한국 문화의 토대에서 나온 것이라 할 수 있다. 한국 문화에 대한 관심이 몇몇 문화적 산물이나 제품에 그쳐서는 안 되는 이유이다.

스스로 '나는 이러이러한 사람이다.'라 한다고 해서 사람들이 그것을 그대로 믿지는 않는다. 또 누군가가 나를 두고 '당신은 이러이러한 사람이다.'라고 한다고 해서 그것 또한 그대로 믿을 수 없다. 어떤 사람의 특성은 그 사이에서 파악해야 하는 것이 아닐까? 문화도 마찬가지다. 한국인의 입장에서 한국 문화에 대해 말하는 것, 그리고 외국인의 시선으로 한국 문화를 말하는 것, 한국 문화의 실체는 그 사이에 있다고 생각한다. 이 책은 이러한 고민 아래 쓰여진 것이다. 필자가 생각하는 한국의 문화, 그리고 다른 문화권 사람들이 신기하게 생각하거나 궁금해하는 한국 문화를 이 책에 담고자 하였다.

최근 MBTI 검사를 받은 적이 있다. MBTI 유형은 16가지이다. 이 검사를 하는 이유는 어떤 유형이 좋고 어떤 유형이 나쁜가를 판가름하기 위한 것이 아니다. 그저 그 사람의 성격이 어떤 '특성'을 가지고 있는가를 밝히려는 것이다. 문화도 마찬가지다. 이 지구상에는 다양한 문화가 공존하고 있다. 성격 유형이 그렇듯이 문화도 어떤 문화가 좋다거나 나쁘다고 할 수 없다. 필자는 한국 문화의 좋은 면이나 나쁜 면, 어느 한쪽을 드러내기 위해 이 책을 쓴 것은 아니다. 그럼에도 한국 문화가 왜 그런 특성을 보이는가에 대해 적극적으로 해명하려 한 것은 필자가 한국인이라는 점에서 어쩔 수 없는 일인지도 모른다.

최근에 실시한 MBTI 검사 결과가 오래전 했던 것과 약간 다르게 나왔다. 성격 유형이 달라진 것이다. 문화도 크게 변하지 않는 고유의 영역도 있겠지만 다른 문화를 받아들이고 주변 상황이 달라짐에 따라 변하기 마련이다. 더군다나 한국은 세계에서 가장 역동적인 국가가 아닌가. 그러니 문화도 얼마나 빠르게 변화하겠는가. 느리게 변하고 있는 한국 문화와 빠르게 변하고 있는 한국 문화를 다 포착하려 애썼지만 역부족이었다.

　　책 제목처럼 가급적이면 기존의 책에서 다루지 않은, 사소한 것일지라도 다른 문화권 사람들이 궁금해하고 흥미로워할 만한 것들, 그야말로 생생한 한국 문화를 다루려 하였다. 여러 대학, 특히 서울대와 울산대에서 오랜 기간 다양한 국적의 친구들을 만나 왔다. 다른 문화권 사람들의 시선에서 한국 문화가 어떻게 비치는지 알 수 있었던 것은 전적으로 그들 덕분이었다. 책을 이루는 과정에서 도움을 주신 백다연, 권보희, 박용준, 이주영 선생님께도 고마움을 표하고 싶다. 머릿속에 있던 계획을 이만큼이나마 책의 모양을 갖추어 내도록 해 주신 태학사 김연우 대표님, 번거로운 요청도 마다하지 않고 꼼꼼하게 편집에 반영해 주신 조윤형 주간님께도 감사의 말씀을 전한다.

2021년 8월

안순태

차례

Life
&
Custom

1. 한국인의 일생

1) 출생 Birth

요즘 한국 사람들은 일반적으로 산부인과에서 아이를 낳는다. 아이를 낳은 직후에 얼마간 산후조리원에서 지낸다. 한국인은 태어나자마자 나이를 먹는다. 뱃속에서 나오자마자 한 살이 된다. 그리고 생일을 기준으로 나이를 헤아리지 않고 해가 바뀌는 것을 기준으로 나이를 헤아린다. 예를 들어 2021년 12월 31일에 태어난 아이는 낳자마자 한 살이 되고, 태어난 지 하루 만인 2022년 1월 1일에 두 살이 된다.

태어나서 처음 맞는 생일을 '첫돌'이라고 한다. 이날 부모가 친한 사람들을 불러 잔치를 하는데 이를 '돌잔치'라 한다. 돌잔치에서는 '돌잡이'라는 의식을 행한다. 아이에게 실, 마이크, 연필, 돈, 청진기, 의사봉, 공, 마우스 등의 물건 가운데 하나를 잡게 하는 것이다. 실은 오래 사는 사람을, 마이크는 연예인을, 연필은 공부하는 사람을, 돈은 부자를, 청진기는 의사를, 의사봉은 법조인을, 공은 운동선수를, 마우스는 과학자를 뜻한다. 예를 들어 아이가 마이크를 잡으면 나중에 커서 연예계에서 일할 것이라고 점을 치는 것이다. 요즘에는 가족끼리 간단히 식사를 하며 소박하게 첫돌을 기념한다.

- 산부인과: 임신, 해산, 부인병 따위를 다루는 병원. 産婦人科. obstetrics and gynecology.
- 산후조리원: 아이를 낳은 후 약해진 몸을 회복하도록 돕는 시설을 갖춘 기관. 産後調理院. a postnatal care center.
- 실: 털이나 솜 등 여러 재료로 가늘고 길게 뽑아 만든 것. 바느질을 하는 데 쓴다. thread.

돌상

- 청진기: 환자의 몸 안에서 나는 소리를 듣는 데 쓰는 의료 기구. 聽診器. stethoscope.

- 의사봉: 판사 등이 재판을 열거나 어떤 일을 결정하였음을 표시하기 위해 탁자를 두드리는 기구. 대개 나무로 되어 있으며 망치 모양과 비슷하다. 議事棒. gavel.

- 법조인: 법과 관련된 일을 하는 사람. 판사나 변호사, 검사 등이 있다. 法曹人. legal profession.

연습문제

1. 진료 과목에 따라 어떤 종류의 병원이 있는지 한국어로 말해 보자.
2. 자신의 고향에서는 나이를 어떻게 헤아리는지 이야기해 보자.

2) 학교 교육 Education

한국의 가정은 남편과 아내 모두 일을 하는 맞벌이 가정이 많다. 그래서 아이를 낳으면 아주 어렸을 때부터 어린이집에 보낸다. 두 살이 되어 어린이집에 보내기도 한다. 예닐곱 살이 되면 유치원에 가고 여덟 살이 되면 초등학교에 들어간다. 한국에서 공교육을 받는 기간은 초등학교 6년, 중학교 3년, 고등학교 3년이다.

초등학생들은 수업이 끝나면 피아노, 미술, 영어, 태권도 등을 배우러 학원에 다니기도 한다. 중학교에 들어가면서부터는 방과 후에 국어, 영어, 수학 등 대학 입시에 중요한 과목들을 공부하러 학원에 가는 경우가 많다. 고등학교에서는 정규 수업 이후 밤늦게까지 학교에 남아 '야간자율학습'을 하기도 한다. 한국의 대학 진학률은 70%에 가까울 만큼 매우 높은 편이다.

한국의 학교는 대부분 2학기제로 되어 있다. 일반적으로 1학기는 3월에 시작해 6~7월에 끝나고 2학기는 9월에 시작해 12월에 끝난다. 한여름과 한겨울에는 여름방학과 겨울방학이 있다. 초, 중, 고등학교의 방학은 7월 중하순부터 약 한 달간이며 겨울방학은 12월 하순부터 2월 초까지이다. 대체로 여름방학보다 겨울방학이 더 길다.

- 어린이집: 6세 미만의 어린이를 돌보고 기르는 시설. nursery.
- 예닐곱: 여섯 또는 일곱. six or seven. 참고로 이와 같은 방식으로 숫자를 지칭하는 방법에는 한두(1, 2), 두셋(2, 3), 서너(3, 4), 네댓(4, 5), 대여섯(5, 6), 일고여덟(7, 8), 여덟아홉(8, 9) 등이 있다.
- 방과: 그날 하루에 하도록 정해진 학교 수업이 끝남. 放課. after school.

연습문제

자신의 나라의 학교 교육에 대해 소개해 보자.

3) 취업 Getting a job

1990년대까지만 해도 한국에서 대학을 졸업하면 대부분 어렵지 않게 취업을 할 수 있었다. 그러나 요즘에는 한국에서뿐만 아니라 대부분의 국가에서 대학을 졸업하여도 취업이 쉽지 않다. 비정규직의 비중이 높아지고 기계가 사람 대신 일하는 분야가 많아졌기 때문이다.

한국인들은 대학을 졸업하는 24세경부터 취업을 한다. 그 사이에 군대에 가게 되면 26세경에 졸업하여 취업을 한다. 요즘에는 대학에 다니다가 휴학을 하는 경우도 많고 취업 경쟁이 치열하기 때문에 취업하는 나이가 점점 늦어지고 있다. 대학에 다니는 동안이나 졸업 후 취업 준비를 하면서 아르바이트를 하는 사람들도 많다.

예전 대학 생활은 낭만적이었다. 학점에 신경을 쓰지 않고 동아리 활동도 활발히 하며 사회 문제에 대해 관심을 가지고 학생운동도 하였다. 연애도 하고 취미 생활에도 적극적이었다. 대학만 졸업하면 대부분 어렵지 않게 취업할 수 있었기 때문이다. 그러나 대학 졸업자의 취업이 어려워지면서 요즘 한국의 대학생들은 학교 생활 대부분을 학점 관리와 취업 준비에 할애하고 있다.

- 비정규직: 일하는 방식이나 기간, 고용의 지속성 등에서 정규직과 달리 보장을 받지 못하는 일자리. 非正規職. non-regular position.
- 치열하다: 기세나 세력 따위가 불길같이 맹렬하다. 熾熱하다. fierce.
- 할애하다: 소중한 시간, 돈, 공간 따위를 아깝게 여기지 아니하고 선뜻 내어 주다. 割愛하다. spend.

4) 결혼 Marriage

최근 한국에서는 결혼을 꼭 해야 한다고 생각하는 사람들이 줄어들고 있다. 결혼을 하기 위해서는 경제적인 부담도 적지 않고, 혼자서도 얼마든지 인생을 즐기며 살 수 있다고 생각하는 사람들이 많아졌기 때문이다. 결혼을 하는 연령도 점점 늦어지고 있다. 2020년 기준 남성 초혼 평균 연령은 33.23세, 여성 초혼 평균 연령은 30.78세이다. 한국에서는 남성이든 여성이든 결혼 때문에 스트레스를 받는다. 특히 여성은 남성에 비해 스트레스를 많이 받는데 나이가 더 들기 전에 결혼을 해야 한다는 사회적 압력 때문이다. 요즘에는 많은 사람들이 굳이 결혼을 하지 않아도 즐겁게 살 수 있다고 생각하지만 그렇다고 결혼 때문에 받는 스트레스에서 완전히 자유롭기는 어렵다.

한국에서는 전통 혼례, 종교 의식 등 다양한 방식으로 결혼식을 올린다. 그러나 일반적으로 결혼식장에서 결혼식을 올리는 경우가 많다. 결혼식에서 결혼만 하면 되는 것이 아니라 이것저것 함께 해야 할 것이 많다. 웨딩사진 촬영, 웨딩드레스와 턱시도 대여, 미용실 예약 등 결혼과 관련한 많은 것들을 준비해야 하는데 이런 것들을 전문적으로 주선해 주는 업체가 많이 있다. 결혼을 위해 준비해야 할 것이 많고 돈도 많이 들기 때문에 한국인들은 결혼 직후에 '두 번 다시 결혼 못 하겠다'고 한다. 그러나 많은 사람들이 결혼을 두 번 하기도 한다.

결혼식에 참석하면 축하의 뜻으로 축의금을 내거나 선물을 준다. 한국의 결혼식에서는 오랫동안 주례가 있었다. 그러나 최근에는 친한 사람들이나 친척들만 초대하여 간소하게 결혼식을 올리고, 주례 없이 결혼식을 거행하기도 한다.

- 올리다: 의식이나 예식을 거행하다. hold.
- 주선하다: 일이 잘되도록 여러 가지 방법으로 힘쓰다. arrange.
- 주례: 결혼식 따위의 예식을 책임지고 진행하는 일, 또는 그런 사람. 主禮. marriage officiant.
- 간소하다: 간략하고 소박하다. 簡素하다. simple.
- 거행하다: 의식이나 행사 따위를 치르다. 擧行하다. hold.

연습문제

자신의 나라의 결혼 문화 가운데 한국과 뚜렷한 차이를 보이는 점을 소개해 보자.

5) 환갑과 칠순 Anniversaries

한국에서는 특정 나이를 부르는 말이 따로 있다. 마흔 살을 '불혹'이라 하는 것이 그 예이다. 불혹이란 세상일에 미혹되지 않는다는 뜻이다. 불혹 외에도 서른 살을 가리키는 '이립'이나 쉰 살을 가리키는 '지천명'이라는 말도 가끔 사용된다. 이 말들은 『논어』에 나오는 것인데, 공자가 나이 대에 따라 보이는 특징을 말한 구절에서 따온 것이다.

한국 나이로 61세(만60세)를 환갑, 또는 회갑이라고 한다. 예전에는 환갑잔치를 크게 하였는데 요즘에는 가족들끼리 조촐하게 식사를 한다. 71세(만70세)를 '고희(古稀)' 또는 '칠순'이라 한다. 고희는 평균수명이 짧았던 옛날에 '예로부터[古] 70세를 사는 사람이 드물었다[稀]'는 시 구절에서 나온 말이다. 이때도 잔치를 하는데 이를 '고희연' 또는 '칠순잔치'라고 한다.

- 미혹되다: 무엇에 홀려 정신이 차려지지 못하다. 迷惑되다. misleading.
- 조촐하다: 적은 사람이 모여 소박하다. tiny.

연습문제 ────────────────

다음은 특정 나이를 가리키는 말들이다. 각각의 말들이 어떤 뜻을 갖고 있는지 조사해 보자.

20세: 약관(弱冠)

30세: 이립(而立)

40세: 불혹(不惑)

50세: 지천명(知天命)

60세: 이순(耳順)

70세: 고희(古稀)

6) 장례와 제사 Funeral & Memorial service

　태어날 때도 대부분 병원에서 태어나듯이 죽는 것도 대부분 병원에서 죽는다. 한국의 대형 병원에는 대개 장례식장이 있는데, 병원에서 죽지 않았다 하더라도 이곳으로 시신을 옮겨 장례를 치른다. 병원 없이 장례식장만 있는 곳도 많다. 20세기 말까지만 해도 집에서 장례를 거행하는 경우가 많았다. 시신을 '상여'에 실어 무덤까지 옮겨 묻는 방식으로 장례를 치렀다. 그런데 요즘에는 시골에서도 장례식장에서 장례식을 거행한다.

　장례는 일반적으로 삼일장을 치른다. 죽은 날을 포함해 사흘째 되는 날 시신을 땅에 묻거나 화장을 하는 것이다. 한국의 전통적인 장례 풍습은 시신을 땅에 묻는 매장이었다. 그러나 2000년대 이후 화장하는 비율이 급속도로 높아져 현재는 80% 이상의 한국인이 죽으면 화장을 한다. 화장한 유골은 대부분 납골당에 모신다. 화장 이외에도 유골함을 땅에 묻고 그 위에 나무를 심는 수목장, 유골함을 매장한 후 비석을 세우는

전통 장례 상여(국립중앙박물관)

장례 방식도 있다. 어느 방식이든 공통적으로 죽은 사람을 다시 집 안에 들이지 않는다.

사람이 죽은 날 해마다 제사를 지낸다. 제사에는 죽은 사람의 가족이 참석한다. 전통적으로 4대조(고조할아버지와 고조할머니)까지 제사를 지냈는데 요즘에는 부모 혹은 조부모까지만 제사를 지내기도 한다. 제사를 지낼 때에는 밥과 음식, 과일 등을 상에 차리고 두 번 절하는데 종교적인 이유 때문에 절을 하지 않는 경우도 있다.

- 비석: 돌로 만든 비. 碑石. gravestone.
- 차리다: 음식 따위를 장만하여 먹을 수 있게 상 위에 벌이다. set.

연습문제

다음 글을 읽고 자신의 나라의 장례 문화를 소개하는 글을 써 보자.

가나와 한국의 장례 문화

가나든 한국이든 소중한 사람이 죽었을 때 많은 사람들이 그 사람의 마지막 길을 잘 보내줘야 한다는 마음을 가지고 있다. 그런데 두 나라의 문화의 차이에 따라 장례식을 하는 방법도 다르다.

가나에서는 장례식에 참석한 사람들이 반드시 시신을 봐야 한다. 그래서 친척들이 다 모일 때까지 시신을 냉동 보관한다. 하지만 한국에서는 장례식에 오는 사람들이 시신을 보는 경우는 거의 없다. 그에 따라 사망 후 3일이 지나면 시신을 화장하는 경우가 많다.

또 다른 차이점은 시신을 넣는 관을 짜는 방식이다. 가나에서는 죽은 사람의 관의 모양을 그 사람의 직업에 따라 짠다. 예를 들어 죽은 사람이 어부였으면 생선 모양의 관을 쓴다. 죽은 사람이 선생님이었으면 연필 모양의 관을 짠다. 반면 한국에서는 죽은 사람의 직업과 관계없이 대부분 직사각형 관을 쓴다.

　장례식 기간도 차이가 난다. 가나에서는 장례식을 일주일 혹은 그 이상 치른다. 멀리 사는 친척이 다 모여야 하기 때문이다. 친척 중에 몸이 아픈 사람이 있으면 그 사람이 다 낫고 나서 장례식을 치르기도 한다. 그런데 한국에서는 삼 일 만에 장례식을 끝낸다.

　이 밖에도 가나에서는 대부분 매장을 하고 한국에서는 대부분 화장을 한다는 점도 다르다. 또 가나에서는 음악을 연주하고 춤을 추는 등 흥겨운 분위기에서 장례식을 거행하지만 한국에서는 엄숙한 분위기에서 장례식이 행해진다. 이와 같이 가나와 한국의 장례 문화는 아주 다르다. 그러나 죽은 사람에 대한 존경의 마음을 담아 최선을 다해서 그 사람의 마지막 길을 보내주고 싶은 마음은 똑같다고 생각한다.

2. 한국 사회의 관습과 예절

한국 사회의 관습과 예절을 잘 알기 위해서는 우선 한국 사회를 구성하고 있는 사람들이 어떤 특징을 갖고 있는지 아는 것이 좋다. 또 다른 나라와는 다른 한국 사회만의 특징과 한국인들의 성향을 아는 것도 중요하다. 먼저 한국인들이 연령대별로 어떤 특징이 있는지 살펴보도록 하자.

1) 한국의 세대별 특징 Generations

어느 나라든 어느 시대든 구세대와 신세대가 있다. 구세대는 나이 든 세대, 신세대는 젊은 세대이다. 현재의 사회를 주도적으로 이끌어 가는 나이 든 세대를 기성세대라고도 한다. 기성세대는 종종 구세대와 같은 의미로 쓰이기도 한다. 한국에서는 요즘의 젊은 세대를 'MZ세대'라고 한다. MZ세대 이전에도 베이비 붐 세대, N86세대, X세대, Y세대, Z세대, N포세대 등 특정한 세대를 가리키는 다양한 명칭이 사용되었다.

60대~70대 사람들은 '베이비 붐 세대'이다. 한국전쟁 직후부터 1960년대 초반에 출생한 이들이다. 한국전쟁 이후에 태어난 사람들이기 때문에 '전후 세대'라고도 하고 '베이비 부머'(baby boomer)라고도 한다. 당시에는 출산율이 높아 이 세대에 속한 사람들은 대부분 형제가 많다. 인구가 급격하게 늘어났기 때문에 치열한 경쟁의 분위기 속에서 성장하였다. 또 심각한 가난을 경험하기도 하고 높은 경제성장률을 이끌기도 한 세대이기 때문에 진취적인 성향이 강하다.

지금의 50대~60대 사람들은 'N86세대'라 한다. 이들은 1990년대에 30대였던 사람들로, 1980년대에 대학에 다니며 학생운동을 하여 민주화 투쟁에 앞장섰으며 1960년대에 출생하였다. 이들이 30대였던 1990년대에는 이들을 '386세대'라 불렀고, 이들이 40대, 50대가 되어 가면서 '486세대' 혹은 '586세대'라고 지칭하였다. 이들은 자기 정체성이 강하고 현실에 안주하기보다 변화를 추구하는 특징이 있는 세대이다. 1987년 6월 항쟁을 이끌었던 만큼 권위주의에 부정적이며 정치에 대해 높은 관심을 갖고 있다. 오늘날 한국 사회의 투명한 시스템을 만들기 위해 노력한 세대라 할 수 있다.

40대 사람들은 'X세대'이다. 이 말은 1991년에 출간된 캐나다 작가 더글러스 커플랜드의 소설 〈Generation X〉에서 유래한 것이다. 이전 세대와 다른 성향을 보여주지만 무어라 이름 붙이기 어렵다는 의미에서 'X세대'라 부른다. 한국에서는 '서태지와 아이들'이 데뷔한 1992년 당시 10대였던 이들을 X세대라 칭하였다. 이들은 전통적인 관습으로부터 비교적 자유롭고 남의 시선을 신경 쓰는 대신 자신이 좋아하는 것을 추구하는 문화를 일으킨 세대이다. 또 양성평등 문제에도 관심을 보이고 차별에 민감하게 반응하는 이들이다.

30대를 가리키는 'Y세대'는 밀레니얼(Millennial) 세대, 에코 세대, 에코 붐 세대라고도 한다. 1980년대에서 1990년대 초반에 태어나 2000년대에 성인이 된 사람들이다. '에코 붐'이라는 명칭은 그 부모 세대인 베이비 붐 세대가 메아리(echo)처럼 돌아온 것 같이 인구가 늘어난 세대라는 의미에서 붙은 것이다. Y세대는 다른 나라의 문화나 다른 인종에 대한 거부감이 적고 개방성과 포용력이 높으며 높은 수준의 교육을 받은 세대이다.

'Z세대'는 지금의 20대를 가리키는 말로 1990년대 중반에서 2000년대 초반에 태어난 사람들이다. 20세기에 태어난 마지막 세대라는 의미로 알파벳의 마지막 글자인 Z를 쓴다. 이들은 스마트폰에 친숙하며 SNS를 활발히 이용하고 아이돌 문화에 익숙한 세대이다. 그러나 어려운 취업 환경, 더 이상 자수성가하기 어려운 사회적 여건 등으로 어려움을 겪기도 한다.

이 밖에도 'MZ세대', 'N포세대'라는 말도 있다. MZ세대는 밀레니얼 세대(Y세대)와 Z세대를 합쳐 부르는 말이고 N포세대에는 3포세대, 5포세대 등이 있다. 3포세대는 세 가지를 포기한 세대라는 뜻인데, 그 세 가지는 연애, 결혼, 출산이다. 여기에 내 집 마련과 인간관계까지 포기한 세대를 5포세대라 한다. 3포세대나 5포세대는 2015년경에 나온 말로 당시의 암울한 취업 상황 등 사회적 각박함을 담고 있는 용어이다. 이상의 내용을 간단히 표로 정리하면 다음과 같다.

연령대	세대명	키워드
60~70대	베이비 붐 세대	치열한 경쟁
50~60대	N86세대	민주화 운동
40대	X세대	개성 추구
30대	Y세대	높은 교육 수준, 개방적
20대	Z세대	디지털 네이티브

한국의 연령대별 세대(2021년 기준)

- 진취적: 적극적으로 나아가 일을 이루는 것. 進取的. adventurous.
- 전후: 전쟁이 끝난 뒤. 戰後. postwar period.
- 치열하다: 기세나 세력 따위가 불길같이 맹렬하다. 熾烈하다. fierce.
- 학생운동: 학생들이 교내 문제나 정치, 사회 문제 따위에 관하여 일으키는 활동이나 투쟁. 學生運動. student demonstration.
- 투명하다: 사람의 말이나 태도, 펼쳐진 상황 따위가 분명하다. 透明하다. clear.
- 양성평등: 양쪽 성별에 권리, 의무, 자격 등이 차별 없이 고르고 한결같음. 兩性平等. gender equality.
- 자수성가: 물려받은 재산이 없이 자기 혼자의 힘으로 집안을 일으키고 재산을 모음. 自手成家. self-made.
- 각박하다: 넉넉하지 않고 막막하다. 刻薄하다. heartless.

2) 한국 사회의 특징

(1) 빨리빨리 문화 Pali-Pali Culture

한국 사회는 역동성이 강하다. 외국인들이 가장 먼저 꼽는 한국 사회의 특징적인 문화는 '빨리빨리 문화'다. 한국인들은 어떤 일이든 빨리 해결하는 데에 익숙해져 있다. 이러한 빨리빨리 문화는 사회의 여러 방면에서 확인할 수 있다.

무엇이든 빨리빨리 하려는 습성 때문에 한국인들은 빠른 것을 좋아한다. 그래서 한국의 인터넷 속도도 세계 최고 수준이다. 지하철이나 버스와 같은 대중교통 시설이나 공공장소에서 빠른 와이파이를 무료로 이용할 수도 있다. 이러한 빠른 인터넷 속도와 잘 갖추어진 택배 시스템 덕분에 온라인 쇼핑도 발달되어 있다. 온라인으로 주문한 물건은 보통 2, 3일 안에 집에서 받아볼 수 있다. 최근에는 전날 인터넷으로 주문한 물건을 다음 날 받아볼 수 있는 시스템도 갖추어져 더욱 편리하게 인터넷 쇼핑을 할 수 있다. 또 가까운 곳은 '퀵서비스'를 이용할 수 있어서 몇 시간 안에 물건을 받을 수도 있고, 먼 곳이라 하더라도 고속버스 택배나 KTX 택배를 이용하면 당일에 물건을 받을 수 있다.

이러한 한국의 빨리빨리 문화는 사회 전 영역에 걸쳐 나타나고 있다. 그중 빼놓을 수 없는 것이 배달 문화이다. 한국에서는 배달 전문 업체가 여럿 있다. 이 배달 전문 업체는 주로 음식 배달 서비스를 제공한다. 치킨, 피자, 중국음식뿐만 아니라 디저트나 커피, 심지어 맥주도 배달된다. 한국에 처음 온 외국인들은 한강 공원에서 치맥(치킨과 맥주)을 배달하여 먹는 광경을 보고 놀라기도 한다. 그러나 이는 한국에서 흔히 볼 수 있는 광경이다.

인터넷이나 배달 문화뿐만 아니라 각종 서비스업에서도 일처리가 빠르다. 웬만한 증명서는 인터넷으로 직접 발급받을 수 있고, 공공기관에 가서 서류를 발급받아야 하는 경우라도 오래 기다리지 않고 금세 서류를 발급받을 수 있다. 또 인터넷 뱅킹이 발달되어 있어서 대부분의 은행 업무는 스마트폰으로 처리할 수 있고, 직접 은행에 방문하더라도 오래 기다리지 않고 빨리 일을 처리할 수 있다.

한때 빨리빨리 문화는 그 장점보다 문제점이 더 많이 지적되기도 하였다. 무엇이든 빨리빨리 하게 되면 실수도 할 수 있고 사람들에게 스트레스를 줄 수도 있기 때문이다. 그러나 한국인들은 일을 빨리빨리 하되 대충대충 하지는 않는다. 이 때문에 일처리가 빠르고 효율적이다. 또 한국 사회는 유연한 사회이기 때문에 조직 개편도 빠르게 하고 사람들은 변화에 빠르게 적응한다. 이처럼 한국의 빨리빨리 문화는 사람들에게 스트레스를 주기도 하지만, 편리하기도 하다. 그래서 한국의 빨리빨리 문화에 익숙해진 외국인 가운데 자신의 나라로 돌아가 적응하기 힘들어하는 사람도 있다.

• 유연하다: 부드럽고 연하다. 柔軟하다. flexible.

• 변이: 같은 종에서 모양과 성질이 달라진 것. 變異. variant.

(2) 편리한 대중교통 Public transportation

한국은 국토가 넓지 않으며 도로망과 철도망이 잘 갖추어져 있다. 대도시에는 지하철망도 잘 갖추어져 있다. 그래서 대중교통이 발달되어 있다. 한국의 웬만한 곳은 대부분 서너 시간이면 갈 수 있다. 고속도로를 이용한 고속버스와 철도 시스템, 항공, 선박 시스템이 잘 갖추어져 있기 때문이다.

장거리 대중교통으로는 고속버스와 KTX(Korean Train Express)가 균형 있게 발달해 있다. 또 시내 대중교통은 지하철과 버스, 택시가 잘 발달되어 있다. 특히 환승 시스템이 발달되어 있어서 저렴한 요금으로 대중교통을 이용해 시내 어디든 빠른 시간 안에 도착할 수 있다.

한국에서 고속도로를 이용하다 보면 다른 나라에서 찾아보기 어려운 진풍경을 만나게 된다. 바로 고속도로 휴게소이다. 고속도로 휴게소에는 화장실 외에도 각종 음식점과 간식 파는 곳들이 많이 있어 휴게소에 들러 제대로 식사할 수도 있고 간단히 요기를 할 수도 있다. 또 카페나 편의점도 있어 커피를 마시거나 물건을 살 수도 있다.

고속도로 휴게소

휴식 공간이 마련되어 있는 곳도 있고 야구 연습장과 같은 즐길 거리가 갖추어진 곳도 있으며 어떤 휴게소에는 찜질방도 있다. 이렇게 한국의 고속도로 휴게소는 일종의 복합 편의시설 기능을 하고 있다.

- 진풍경: 구경거리가 될 만한 보기 드문 광경. 珍風景. unusual sight.
- 요기: 간단히 먹는 일. 療飢. snack.
- 찜질방: 더운 공기를 유지하며 휴게 시설과 사우나를 갖춘 곳. Korean dry sauna.
- 복합: 두 가지 이상이 하나로 합쳐져 있음. 複合. complex.
- 편의시설: 편하고 좋은 환경이나 조건을 갖춘 시설. 便宜施設. convenient facilities.

(3) 한국인의 대인 관계 Interpersonal relationship

한국인들은 기본적으로 낯선 이를 경계한다. 그 대상이 한국인이든 외국인이든 길거리에서 만나는 이들에게 그다지 친절을 베풀 필요를 느끼지 않는다. 이는 인구 밀도가 높은 나라나 도시에서 공통적으로 나타나는 특징이기도 하다. 많은 사람들이 오가는 길에서 만나는 사람마다 친근감을 표할 수 없기 때문이다. 특히 서울이나 부산과 같은 대도시에서는 길거리에서 사람들이 무심코 지나치는 것을 쉽게 볼 수 있는데, 어떤 외국인들은 이를 낯설게 여길 수 있지만 한국에서는 자연스러운 풍경이다. 그러나 한번 소개를 받은 사람이나 잘 아는 사람에게 한국인들은 매우 예의를 갖추어 친절하게 대한다. 이는 한국인의 집에 초대를 받아 가 보면 확실히 느낄 수 있다.

한국인들은 처음 만나는 사람에게 나이, 직업, 사는 곳, 종교, 결혼 여부 등을 물어보기도 한다. 처음 만나는 사람에 대한 이러한 정보를 파악하고 그들과 관계를 맺는다. 같은 학교를 졸업했거나 같은 지역에 살거나 같은 종교를 갖고 있는 것 등은 서로 유대감을 가질 수 있는 좋은 소재이기 때문이다. 나라에 따라서 개인적인 정보를 물어보면 실례가 될 수 있지만 한국인들은 아무렇지 않게 이런 것에 대해 묻기도 한다. 이는 한국인들이 무례해서라기보다는 한국인들의 관계 맺기와 관련이 있다.

한국인들이 처음 만나는 사람에게 나이부터 물어보는 것은 한국어의 경어법 때문이다. 나이가 많은 사람을 공경해야 한다는 유교의 영향 때문에 나이를 중시하기도 하지만 꼭 그것 때문만은 아니다. 한국어는 경어법이 발달해 있기 때문에 상대방의 나이를 모르면 대화를 할 수 없다. 그래서 처음 만나는 사람에게 나이를 물어보고 서로 나이를 파악한 뒤에 경어법에 맞추어 대화를 한다. 물론 상대방이 자신보다 나이가 어리다고 해서 처음부터 무조건 반말을 하는 것도 예의에 어긋난다. 또 한국에서는 보통 나이가 같아야 '친구'라고 한다. 그래서 상대방의 나이가 나와 같으면 더욱 친밀감을 느끼며 쉽게 친구가 될 수 있다. 그에 반해 자신보다 나이가 많거나 적으면 형, 누나, 언니, 오빠, 동생으로 생각한다.

형이나 누나, 언니나 오빠는 동생을 잘 보살펴 주어야 한다. 그만큼 책임이 따른다. 함께 밥을 먹더라도 나이 많은 사람이 계산을 하기도 한다. 대학이나 직장에서의 선후배 사이도 마찬가지이다. 또 후배가 선배가 되면 다시 자신의 후배를 보살펴야 하는 책임이 따른다. 아랫사람은 윗사람을 공경하고 윗사람은 아랫사람을 잘 보살피는 것은 한국의 오래된 관습이다.

낯선 사람, 혹은 친구와 만났을 때 서로 공감대를 형성할 수 있는 재미있는 소재가 바로 혈액형이다. 어떤 한국인들은 혈액형과 성격이 관계가 있는 것처럼 말한다. 실제 대부분의 한국인들은 이것이 과학적으로 근거가 없다는 것을 알면서도 재미 삼아 혈액형을 물어보기도 한다. 그 설에 따르자면 A형은 꼼꼼하지만 내성적이고 소심한 성격, B형은 유쾌하고 발랄하며 사교적이지만 직설적이고 자기중심적인 성격, O형은 승부욕이 강하고 인간관계가 원만하지만 꼼꼼하지 못한 성격, AB형은 창의력이 뛰어나 예술가적 기질이 풍부하지만 감정 기복이 심한 성격이라는 것이다. 이렇게 혈액형과 성격이 관련이 있다고 말하는 것은 세계에서 한국과 일본뿐이다. 과학적 근거가 전혀 없기 때문에 단순히 재미로 이야깃거리를 삼는 것이 좋다.

한국에는 '띠'라는 것이 있다. 이 띠는 사람이 태어난 해를 상징하는 열두 가지 동물을 가리키는 것이다. 가령 2000년은 용(dragon)의 해이므로 이 해에 태어난 사람은 '용띠'가 된다. 여기에 해당하는 동물은 쥐, 소, 호랑이, 토끼, 용, 뱀, 말, 양, 원숭이, 닭, 개, 돼지의 열두 가지 동물이다. 혈액형이 그러하듯 각각의 동물이 상징하는 성격적 특징이 있다고 한다. 또 어떤 띠의 사람이 어느 계절, 어떤 시간에 태어났는가로 그 사람이 어떤 삶을 사는가를 점치기도 한다. 예를 들어 소띠인 사람이 봄날 저녁에 태어났다면 그 사람이 편안한 삶을 살 것이라 점친다. 왜냐하면 소는 봄에 낮 동안 농사일을 하고 저녁에는 편히 쉬기 때문이다. 또 겨울철 저녁에 태어난 호랑이띠는 부지런히 움직이는 삶을 살 것이라 점친다. 겨울에는 먹이가 적고 저녁은 호랑이가 활발히 활동하는 시간이기 때문이다. 이런 식으로 사람의 '띠'도 재미 삼아 대화의 소재로 쓸 수 있다. 신라 때의 김유신(595~673) 장군 묘에 이 띠에 관한 그림이 있는 것으로 보아 한국인들은 이미 삼국시대부터 이 열두 동물을 띠로 삼았음을 알 수 있다.

한국에서는 집에서 파티를 하는 일이 드물다. 가족이 아닌 이상 대부분 카페나 음식점과 같은 공공장소에서 사람을 만난다. 그러다 보니 파티에서 만나 연인 관계로 발전하는 경우가 거의 없다. 그래서 한국의 대학생이나 성인들은 남자친구나 여자친구를 만나기 위해 종종 '소개팅'이라는 것을 한다. 누군가가 주선하여 남녀가 일대일로 만나는 것이다. 물론 서로 마음에 들어야 만남을 이어가고 관계를 발전시킬 수 있다.

한국인들이 이렇게 '소개팅'을 통해 연애를 하는 것을 이상하게 생각할 수도 있지만, 이러한 풍습은 오래된 것이다. 연애뿐만 아니라 결혼을 하기 위해 소개팅과 비슷

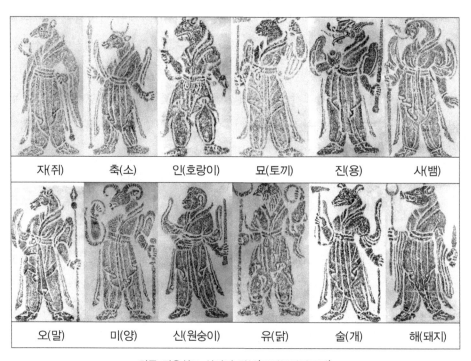

| 자(쥐) | 축(소) | 인(호랑이) | 묘(토끼) | 진(용) | 사(뱀) |
| 오(말) | 미(양) | 신(원숭이) | 유(닭) | 술(개) | 해(돼지) |

경주 김유신묘 십이지 탁본(국립중앙박물관)

한 방식으로 남녀가 만나기도 한다. 이것을 '선보다' 혹은 '선을 보다'라 한다. 한국에서는 예전부터 남녀가 자유롭게 만나 연애를 하는 대신 어떤 사람이 남녀를 만나게 하여 결혼을 하도록 하는 것이 일반적이었다. 이렇게 결혼이 이루어지도록 중간에서 소개하는 것을 '중매하다'라 하고 그런 일을 하는 사람을 '중매인'이라 하며 그런 방식으로 하는 결혼을 '중매결혼'이라 한다. 요즘에는 중매인 대신 전문적으로 중매를 해 주는 업체가 성업 중이다. 이런 업체를 '결혼정보업체'라 한다. 또 소개팅 애플리케이션이나 중매 애플리케이션도 많다.

집에서 데이트를 하지 않기 때문에 한국의 연인들은 주로 영화관이나 고궁, 음식점에 가거나 드라이브를 하며 데이트를 한다. 때로는 교외의 한적한 곳에 가 데이트를 한다. 그래서 서로의 부모님을 만날 기회가 거의 없다. 한국에서 만약 누군가를 자신의 부모에게 소개한다는 것은, 상대방을 진지하게 만나 곧 결혼을 할 마음이 있다는 의미이다. 부모의 반대로 결혼을 하지 못하는 경우는 거의 없지만, 여전히 많은 한국인들은 결혼을 할 때 부모의 동의를 얻어야 한다고 생각한다.

- 무심코: 아무 뜻이나 생각이 없이. 無心코. unconsciously.
- 유대감: 서로 밀접하게 연결되어 있는 공통된 느낌. 紐帶感. a sense of fellowship.
- 직설적: 바른대로 말하는 것. 直說的. straightforward.
- 승부욕: 경기나 경쟁 따위에서 이기고자 하는 욕심. 勝負慾. desire for winning.
- 꼼꼼하다: 빈틈이 없이 차분하고 조심스럽다. meticulous.
- 감정 기복: 기분이 좋았다가 나빴다가 함. 感情起伏. emotional ups and downs.
- 이야깃거리: 이야기할 만한 소재. topic.
- 띠: 사람이 태어난 해를 열두 지지(twelve earthly columns)를 상징하는 동물들의 이름으로 이르는 말. Chinese zodiac sign.
- 주선하다: 일이 잘되도록 여러 가지 방법으로 힘쓰다. 周旋하다. arrange.
- 선보다: 인물의 좋고 나쁨이나 마음에 드는가를 알아보기 위해 만나서 살펴본다는 뜻으로 주로 결혼 상대자를 고를 때 쓰는 말이다. meet each other with a view to marriage.
- 성업: 사업이 잘됨. 盛業. boom.
- 동의: 다른 사람의 행위를 인정함. 同意. agreement.

(4) 한국인의 금기 Taboos

　모든 나라에는 금기가 있는데, 한국도 예외가 아니다. 한국에서의 금기는 비슷한 문화를 공유하고 있는 중국이나 일본과 크게 다르지 않다. 여기서는 그중 몇 가지에 대해서 간단히 살펴보도록 한다.

　한국인들은 남의 물건에 손대는 것을 부끄럽게 생각한다. 또 다른 사람이 쓰던 물건을 잘못 쓰게 되면 부정을 탄다고 여긴다. 최근에는 중고 물품을 거래하는 일이 많아졌지만, 기본적으로 한국인들은 다른 사람이 쓰던 물건, 특히 정당하게 취득하지 않은 남의 물건을 쓰면 좋지 않다고 여긴다. 길가에 진열해 놓은 상품을 가져가지 않고, 카페에서 노트북이나 가방 등을 두고 화장실에 다녀와도 누가 그것을 가져가지 않는다. 카페의 빈 자리에 노트북이 있으면 한국인들은 노트북을 탐내는 대신 '저 자리 탐난다'고 한다는 우스갯소리도 있다.

　한국인들은 숫자 4를 싫어한다. 물론 한국인들만 숫자 4를 싫어하는 것은 아니다. 한국인과 중국인, 일본인은 공통적으로 이 숫자를 싫어한다. 이 세 나라에서는 한자어를 사용하는데, 한자의 숫자 '사(四)'가 죽는다는 뜻의 '사(死)'와 발음이 같기 때문이다. 즉 숫자 4를 보고 한국인, 중국인, 일본인들은 자연스럽게 죽음을 떠올리는 것이다. 그래서 한국에서는 엘리베이터 버튼에 4가 없다. 대신 'F'로 표기되어 있다.

　한국에는 '모난 돌이 정 맞는다'는 속담이 있다. 사람들과 달리 혼자 눈에 띄게 되면 남의 미움을 받게 된다는 뜻이다. '모나다'라는 말은, 말이나 행동이 둥글지 못하고 까다롭다는 뜻이다. '모'는 '세모', '네모'라 할 때의 '모'로, 사물의 한쪽 귀퉁이를 뜻한다. 사람이 모가 났다는 것은 사물의 귀퉁이가 불쑥 튀어나온 것처럼 말이나 행동이 눈에 띈다는 뜻이다. 한국뿐만 아니라 중국이나 일본에도 비슷한 속담이 있다. 한국은 조직 문화가 발달해 있다. 그래서 조직 구성원들 사이의 조화를 중시한다. 다른 사람과 의견이 다르더라도 웬만해서는 자기 주장을 강하게 내세우지 않는 경향이 있다.

　그다지 친하지 않은 사람의 머리나 어깨를 만지는 것도 금기시된다. 일부 국가에서는 친근함의 표시로 상대방의 머리를 쓰다듬기도 하는데, 한국에서는 그러한 행동이 실례다. 간혹 귀여워서 어린아이의 머리나 손을 만지기도 하지만 모르는 아이에게 그러한 애정 표현을 하는 것은 좋지 않다.

사람들이 많은 곳, 특히 식당에서는 코를 풀지 않는다. 유럽 등 외국에서는 사람들 앞에서 소리를 내 코를 푸는 행위가 자연스러울 수 있지만 한국에서는 이러한 행위를 이상하게 여긴다. 반면 외국에서는 사람들 앞에서 재채기를 하는 것을 실례로 생각하는 경우가 많은데, 한국인들은 사람들 앞에서 재채기하는 것을 대수롭지 않게 여긴다. 물론 어쩔 수 없이 재채기를 하게 되면 옷이나 휴지로 입을 가리고 하는 것이 좋다.

밥을 먹을 때 숟가락이나 젓가락을 밥 위에 꽂는 것도 금기시된다. 왜냐하면 제사를 지낼 때 밥과 국, 그리고 과일이나 반찬 등 여러 음식을 제사상에 올리는데, 밥 위에 숟가락을 수직으로 꽂는 절차가 있기 때문이다. 즉 밥에 숟가락이나 젓가락을 수직으로 꽂아 두는 것은 그 밥을 먹는 사람이 산 사람이 아니라는 뜻이다.

빨간색 잉크로 사람 이름을 쓰는 것도 금기시된다. 빨간색으로 이름을 쓰면 그 사람이 죽거나 불행해진다고 여겨진다. 그 이유에 대해서는 여러 가지 설이 있다. 중국인들은 유난히 빨간색을 좋아하는데, 예전 중국에서 진시황이 빨간색을 독점하고 싶어서 황제 자신의 이름만 빨간색으로 쓸 수 있게 했다고 한다. 그래서 보통 사람이 빨간색으로 이름을 쓰면 그 사람을 처형했다는 설이 있는데 그것이 한국에 전래되어 한국에서도 빨간색으로 이름을 쓰면 안 된다고 여겨지게 되었다는 것이다. 또 죽은 사람, 혹은 죽일 사람 이름을 빨간색으로 쓴 데서 유래했다는 설도 있다. 요즘에는 빨간색으로 이름 쓰는 것을 미신으로 생각하기도 하지만, 여전히 많은 한국인들은 빨간색 펜으로 이름을 쓰는 것을 금기시하고 있다.

한국에서의 이러한 금기는 한국에서만의 금기는 아니다. 아시아권 국가, 특히 한국과 중국, 일본에서는 위에 제시한 것들이 대부분 금기시되고 있다. 지리적으로 가깝고 같은 한자 문화권인 데다 문화적으로 서로 영향을 주고받았기 때문이다.

- 부정: 깨끗하지 못한 것, 혹은 불길한 일. 不淨. misfortune.
- 타다: 몸에 달라붙거나 영향을 받다. get.
- 탐나다: 갖고 싶은 마음이 생기다. 貪나다. want to have.
- 우스갯소리: 남을 웃기려고 하는 말. joke.
- 모난 돌이 정 맞는다: 특별히 남의 눈에 띄는 사람이 미움을 받게 된다는 말. A tall tree

catches much wind.

- 조직: 특정한 목적을 이루기 위해 여러 사람을 모아서 체계를 갖추어 만든 집단. 組織. organization.

- 꽂다: 쓰러지거나 빠지지 아니하게 박아 세우거나 끼우다. put.

- 독점하다: 혼자서 모두 차지하다. 獨占하다. monopolize.

- 처형하다: 사형에 처하다. 處刑하다. execute.

- 미신: 비과학적이고 비합리적으로 여겨지는 믿음. 迷信. superstition.

(5) 한국인의 위생 관념 Sense of hygiene

한국인들은 위생에 신경을 많이 쓴다. 매일 샤워를 하고 매일 머리를 감는다. 심지어 이도 하루 세 번 이상 닦는다. 한국에는 대중목욕탕이 발달되어 있었는데, 최근에는 주로 집에서 샤워를 해서 대중목욕탕이 사라져가는 추세이다. 문화권에 따라 자신의 벌거벗은 모습을 다른 사람에게 보이는 것을 상당히 부담스러워하기도 한다. 그러나 한국에서 이는 자연스러운 일이다. 목욕탕뿐만 아니라 수영장 등 체육 시설의 샤워장에서도 많은 사람들이 벌거벗은 채로 샤워하는 것을 볼 수 있는데, 한국에서 이는 어색한 일이 아니다.

한국에서는 흔하지만 외국에서는 보기 어려운 것이 바로 대중목욕탕에서 사용하는 때수건이다. 때수건은 '이태리타월'이라는 이름으로 더 많이 알려져 있다. 한국에서는 이탈리아를 '이태리'라고도 부르는데 이름만 들으면 이탈리아에서 만든 수건으로 생각하기 쉽지만 이 이태리타월은 한국에서 만든 것이다. 1960년대 부산의 한 업체에서 만든 것이 이태리타월이다. 이 때수건을 만들 때 사용한 기계가 이탈리아 기계와 비슷했기 때문에 이러한 이름이 붙었을 뿐이다. 요즘에는 대부분 집에서 간단히 샤워를 하지만 한국인들은 오랫동안 일주일에 한 번쯤 대중목욕탕에 가 때를 불려 밀었다. 전문적으로 때를 밀어 주는 직업도 있는데, 그러한 일을 하는 사람을 '세신사'라고 한다.

한국에서는 다른 사람들과 함께 사용하는 공공 화장실에서 양치질을 하는 모습을 흔히 볼 수 있다. 심지어 지하철 화장실에서 양치질을 하기도 한다. 외국인이 보기에 이러한 모습은 상당히 낯설 것이다. 그런데 한국에서는 어려서부터 양치질을 잘하도록 교육을 받으며, 특히 하루 세 번, 식사 후 3분 이내에 3분 동안 양치질을 하도록 교육받고 있다. 이 때문에 학교에서 점심 식사 후에 대부분의 학생들이 화장실에서 양치질을 한다. 어려서부터 이러한 교육을 받았기 때문에 한국인들에게는 공공 화장실에서 양치질하는 것이 어색하지 않은 것이다.

- 추세: 어떤 일이 일정한 방향으로 나아가는 경향. 趨勢. trend.
- 때수건: 천 따위로 만들어 때가 잘 밀리도록 한 수건. 때手巾. washcloth.
- 불리다: 물에 젖게 해서 부피를 커지게 하다. soften body with water.
- 세신사: 목욕탕에서 목욕하는 사람의 때를 밀어 주는 일을 직업으로 하는 사람. 洗身師.
- 양치질: 이를 닦고 물로 입 안을 깨끗이 씻어내는 일. brush one's teeth.

(6) 한국인의 미용 Beauty treatment

한국인들은 피부 관리 등 미용에 신경을 많이 쓴다. 특히 여성들은 주기적으로 얼굴에 종이로 만든 마스크(sheet mask)를 붙여 피부를 관리한다. 이것을 '마스크팩'이라 한다. 한국에는 저렴하고 품질 좋은 마스크팩이 상당히 많다. 심지어 남성들도 얼굴에 마스크팩을 붙인다.

서울에는 피부 관리를 전문적으로 해 주는 병원이나 숍이 상당히 많다. 피부과도 상당히 많은데, 피부과에는 실제로 피부에 문제가 생겨서 방문하는 환자보다 미용을 위해 피부를 관리하러 가는 사람들이 더 많다. 또 성형수술(plastic surgery)을 해 주는 병원도 많은데, 주로 서울의 강남 지역에 집중되어 있다. 성형수술을 해 주는 병원을 '성형외과'라 한다. 탈모를 완화시키거나 모발 이식을 해 주는 병원도 상당히 많다. 이렇게 한국, 특히 서울에는 피부 관리나 성형수술, 모발 이식 등 미용에 관한 한 세계적인 수준의 병원이 상당히 많다.

한국인들은 미용에 관해 관심이 많기 때문에 한국은 화장품 산업도 발달했다. 한국에서는 자연 성분을 이용하여 만든, 저렴하고 품질이 뛰어난 화장품을 손쉽게 구할 수 있다. 규모가 큰 화장품 회사도 많지만 작은 업체들도 뛰어난 품질의 화장품을 생산한다.

- 탈모: 머리털이 빠짐. 脫毛. hair loss.
- 완화: 병의 증상이 줄어듦. 緩和. relief.
- 모발 이식: 머리털을 옮겨 심음. 毛髮移植. hair transplant.

(7) 한국의 치안 Public safety

한국은 세계에서 가장 안전한 나라 중 하나이다. 물론 한국에도 총(gun)이 많다. 그러나 대부분의 총은 군대에서 엄격하게 관리되고 있어 군대의 총이 군대 밖에서 사용되는 일은 거의 없다. 또 사냥이나 스포츠를 위해 개인이 총을 소유하기도 하지만, 이또한 매우 엄격하게 관리되고 있다. 그래서 길거리에서 총격전이 일어나는 일도 없고 총에 맞아 다치거나 죽는 사람도 찾아보기 어렵다.

또 한국에서는 늦은 밤까지 거리를 자유롭게 돌아다닐 수 있다. 특히 도시에서는 술집이나 음식점이 밤늦게까지 영업을 하고 거리에는 사람들이 많이 돌아다니기 때문에 특별히 위험을 느낄 일이 없다. 도시에는 곳곳에 CCTV가 있기 때문에 범죄 예방이 잘 된다. 요즘에는 보기 드물지만 간혹 술에 취한 사람이 시비를 거는 경우가 있는데, 그런 사람은 피하는 게 상책이다.

한국 경찰은 그야말로 시민의 안전을 책임지는 사람들이다. 어떤 나라에서는 경찰이 상당히 위협적으로 느껴지지만 적어도 한국에서는 경찰이 위협적이지 않다. 물론 경찰에게 어떤 요청을 했을 때 자신의 요청이 제대로 받아들여지지 않을 수도 있지만, 기본적으로 한국 경찰은 시민을 위협하지 않는다. 경찰이 시민을 위협하면 사회적으로 큰 문제가 되기 때문에 경찰들 스스로도 상당히 조심한다.

- 총격전: 서로 총을 쏘면서 하는 싸움. 銃擊戰. gunfight.
- 시비: 옳고 그름을 따지는 말다툼. 是非. quarrel.
- 상책: 가장 좋은 대책. 上策. the best.

1. 자신이 겪은 한국의 빨리빨리 문화에 대해 이야기해 보자.

2. '12간지'가 무엇인지 조사해 보고 자신이 무슨 띠인지 이야기해 보자.

3. 자신의 나라의 금기에 대해 이야기해 보자.

4. 자신이 써 본 최고의 한국 화장품이 무엇인지 소개해 보자.

5. 성형수술에 관하여 어떻게 생각하는지 발표해 보자.

6. 아래에서 맞는 것에는 ○표, 틀린 것에는 ×표 하시오.

   1) 한국인들은 어떤 일이든 빨리 대충 한다. (   )

   2) 한국의 고속도로 휴게소 중에는 찜질방이 있는 곳도 있다. (   )

   3) '이태리타월'은 이탈리아에서 만든 것이다. (   )

   4) 한국인들이 공공 화장실에서 양치하는 것은 학교 교육 때문이다. (   )

3) 한국의 명절과 기념일 Holidays

일년 가운데 특정한 날 많은 사람들이 행사를 하거나 가족들이 모여 그날을 기념하는 명절은 어느 나라에나 있다. 예전에는 한국에서 정월 대보름, 한식, 단오, 동지 등도 명절로 기념을 하였으나 최근에는 설날과 추석을 중요한 명절로 기념하고 있다. 또 명절이라고 하지는 않지만, 불교와 기독교의 기념일인 석가탄신일과 크리스마스도 한국의 중요한 기념일이다.

(1) 설날

해가 바뀌어 새로운 해가 시작되는 첫날을 '설' 또는 '설날'이라고 한다. 그런데 한국에는 새해 첫날(New Year's Day)이 두 번이다. 1월 1일을 신정, 또는 양력설이라고 한다. 음력으로 1월 1일이 되는 날을 설날, 또는 음력설이라고 한다. 보통 한국에서 '설날'이라고 하면 음력설을 의미한다. 한국에서는 신정보다 설날을 더 큰 명절로 여겨왔다. 음력으로 12월 마지막 날을 '섣달 그믐'이라고 하는데, 이날 밤에 잠을 자면 눈썹이 하얗게 센다고 여겼다. 그래서 섣달 그믐 밤에는 잠을 잘 안 자는 풍습이 있었다.

설날 아침에는 조상님들께 차례를 지내고 떡국을 먹는다. 한국인들은 떡국을 먹어야 나이를 한 살 더 먹는 것으로 생각했다. 떡국을 먹은 후 새 옷을 입고 세배를 한다. 설을 맞아 입는 새 옷을 '설빔'이라 한다. 설빔을 입고 세배를 하면 아랫사람은 세뱃돈을 받기도 한다. 세배는 새해를 맞아 어른들께 인사로 절을 하는 것이다. 물론 살아 있는 어른들께 인사를 하는 것이므로 절은 한 번만 한다. 세배를 하면서 서로 '덕담'을 나눈다. 덕담이란 남이 잘되기를 바라는 말이다. 듣는 사람이 처한 상황에 따라 다른 내용의 덕담을 건넨다. 시험을 앞두고 있는 이에게는 시험을 잘 보라고 하고, 취업을 앞두고 있는 이에게는 취업에 성공하라고 응원하는 말을 한다. 나이가 든 분들께는 건강하시라는 이야기를 건넨다. 설날 전후로 만나는 사람에게는 '새해 복 많이 받으세요.'라는 인사를 한다.

한국에서는 아직까지도 음력을 사용하는 사람들이 많은데, 특히 생일과 같은 기념일을 음력으로 기념하는 사람들이 많다. 이 음력 기념일은 해마다 바뀌기 때문에 따로 음력 달력을 보고 확인해야 한다.

- 세다: 머리카락이나 수염 따위의 털이 희어지다. turn white.
- 차례: 명절을 맞아 아침이나 낮에 지내는 제사. ancestral rites.

(2) 추석

한국에서 두 번째로 큰 명절은 추석이다. 추석은 음력 8월 15일로, 양력으로는 해마다 9월 말에서 10월 사이에 돌아온다. 추석은 '한가위', '중추절'이라고도 한다. '추석'이라는 단어의 뜻은 '가을 저녁'이다. 한국에는 "더도 말고 덜도 말고 한가위만 같아라."라는 말이 있다. 추석을 즈음한 시기에 날씨가 아주 좋기 때문이다. 또 전통적으로 농경 사회였던 한국에서 가을은 곡식을 수확하는 계절인데, 추석에는 먹을거리가 풍성하기 때문에 한국인들에게 추석은 풍요로운 명절이라는 인식이 남아 있다.

추석에도 설날처럼 아침에 조상들께 차례를 지내고 성묘를 다녀온다. 성묘는 '무덤을 살피는 일'로, 여름 동안 무성하게 자란 풀을 깎아 조상의 묘를 보살핀다. 설날에 떡국을 먹는다면 추석에는 '송편'을 먹는다. 또 갓 수확한 쌀인 '햅쌀'로 밥을 지어 먹는다. 설날처럼 추석에도 고향을 찾아가는 사람이 많다. 그래서 명절 연휴 기간에는 고속도로가 많이 막히고 고속버스나 KTX 티켓 구하는 일도 하늘의 별 따기이다.

- **즈음하다**: 특정한 때에 다다르다. around.
- **농경**: 논밭을 갈아 농사를 지음. 農耕. agriculture.
- **풍성하다**: 넉넉하고 많다. 豊盛하다. rich. ≒ 풍요롭다.
- **무성하다**: 풀이나 나무 따위가 자라서 우거져 있다. 茂盛하다. overgrown.
- **햅쌀**: 그 해에 막 수확한 쌀. freshly harvested rice.

(3) 석가탄신일과 크리스마스

한국의 주요 종교는 불교와 개신교, 천주교이다. 개신교와 천주교를 합쳐서 '기독교'라고 부른다. 따라서 불교와 기독교는 한국의 핵심 종교라 할 수 있다. 한국에서는 이 핵심 종교에서 기념하는 날, 즉 석가탄신일과 크리스마스를 기념한다. 이 두 날 모두 공휴일로 지정되어 있다.

석가탄신일은 매년 음력으로 기념한다. 음력 4월 8일이 석가탄신일인데, 이를 '초파일'이라고 하며 양력으로는 5월 중순에 해당한다. 이때는 날씨가 화창하며 석가탄신일을 앞두고 사찰에서는 연꽃 모양의 등을 건다. 이를 '연등제' 혹은 '연등 행사'라고 한다. '연등'이란 연꽃 모양의 등이라는 뜻이다. 이날 산에 있는 사찰에 가면 이른바 '절밥'을 먹을 수 있다. 절밥은 '사찰 음식'이라고도 하는데 주로 산에서 나는 나물 반찬이 많다. 건강에 좋기 때문에 요즘에는 사찰 음식을 전문적으로 하는 음식점도 인기를 끌고 있다. 템플스테이를 해도 사찰 음식을 맛볼 수 있다.

크리스마스에는 주로 연인과 시간을 보내는 사람들이 많다. 특히 크리스마스 이브에는 거리마다 젊은 연인들로 가득하다. 이날 시내의 좋은 음식점들은 대부분 만석이고 음식 가격을 평소보다 비싸게 받는 곳도 있다. 크리스마스 당일에는 주로 가족과 시간을 보낸다.

• 기념하다: 어떤 뜻깊은 일이나 훌륭한 인물 등을 오래도록 잊지 아니하고 마음에 간직하다. 紀念하다. commemorate.

• 절밥: 절에서 지은 밥, 혹은 절에서 먹는 방식으로 차린 밥. 산나물이나 채소 반찬으로 간소하게 차린다. temple food.

• 만석: 자리가 다 참. 滿席. full.

연습문제

1. 한국인들이 설을 맞아 입는 새 옷을 무엇이라 하는가?
2. 설날에 먹는 음식 이름은 무엇인가?
3. 한국의 주요 종교에는 어떤 것이 있으며 그 핵심 교리는 무엇는지 조사하여 발표해 보자.
4. 아래에서 맞는 것에는 ○표, 틀린 것에는 ×표 하시오.
   1) 설날은 매년 양력으로 같은 날이다. (   )
   2) 설날에는 햅쌀로 밥을 지어 먹는다. (   )
   3) 크리스마스에는 거리에 연꽃 모양의 등을 건다. (   )
   4) 한국인들은 크리스마스 당일에 주로 가족과 시간을 보낸다. (   )

4) 한국 사회와 예절

(1) 인사 예절 Etiquette for greeting

한국에서는 대체로 아는 사람에게만 인사를 한다. 친구끼리는 가볍게 손을 흔들며 인사를 하고 윗사람이나 처음 만난 사람, 혹은 아주 친하지 않은 사람에게는 가볍게 고개를 숙여 인사를 한다. 친구에게 인사할 때는 "안녕", "어디 가?"와 같이 말할 수 있고, 윗사람에게는 "안녕하세요"라고 말한다. 또 점심시간이나 저녁 시간 등 식사 시간에 만났을 때에는 "밥 먹었어?", "식사하셨어요?"와 같은 인사말을 할 수도 있다. 한국에서 인사를 할 때 쓰는 "어디 가?" 혹은 "식사하셨어요?"와 같은 말은 실제로 어디에 가는지, 식사를 했는지 궁금해서 물어보는 것이라기보다는 그야말로 가볍게 인사할 때 자주 쓰는 말이다.

악수는 주로 남성들끼리 하는 인사법이다. 윗사람과 악수를 할 때는 윗사람이 먼저 악수를 청하면 악수를 한다. 아랫사람이 윗사람에게 먼저 악수를 청하지는 않는다. 한국에서 윗사람과 악수를 할 때 주의해야 할 점이 두 가지 있다. 손에 힘을 많이 주지 않고 가볍게 손을 잡아야 한다는 점, 그리고 악수를 하는 상대방의 눈을 빤히 쳐다보지 않는다는 점이다. 미국 등 일부 국가에서는 악수를 할 때 손에 힘을 주지 않거나 상대방을 쳐다보지 않으면 힘이 없고 자신감이 없는 것으로 여겨진다. 그러나 한국에서는 손에 힘을 주고 상대방을 쳐다보며 악수를 하는 것을 무례하다고 여긴다. 여성들끼리 만났을 때 반가움과 기쁨을 표시하기 위해 서로 손을 마주잡기도 한다. 팬데믹 이후 방역을 위해 악수는 잘 하지 않는다. 각자 주먹을 쥐고 서로 부딪치는 것으로 악수를 대신하기도 하지만, 일반적으로 가볍게 고개를 숙이는 것으로도 충분하다.

아주 오랜만에 만나 무척 반가운 친구끼리는 포옹을 하며 인사를 할 수도 있지만, 이는 한국에서 흔한 인사법은 아니다. 연인 사이에서는 포옹이나 키스로 인사할 수도 있지만, 한국에서는 일반적으로 개방된 장소에서 포옹이나 키스를 하지 않는다.

한국에서는 '절'[a curtsy]이라는 인사법도 있다. 절은 부모님이나 할아버지, 할머니 또는 나이 많은 어른에게 하는 인사법으로, 보통 오랜만에 만난 사람에게 하거나 명절에 한다. 절은 명절에 차례를 지낼 때에도 하는데, 여기에서 알 수 있듯이 죽은 사람에게도 할 수 있는 인사법이다. 살아 있는 사람에게는 한 번만 하고, 돌아가신 분께는 두 번 절을 한다는 점을 유의할 필요가 있다.

• 빤히: 바라보는 눈매가 또렷하게. stare.

(2) **식사 예절** Dining etiquette

윗사람과 식사를 할 때에는 윗사람이 먼저 숟가락이나 젓가락을 들고 난 뒤에 음식을 먹는다. 여러 사람이 음식을 함께 먹는 경우도 있지만 최근에는 각자의 음식을 따로 덜어 먹는 식으로 바뀌고 있으므로, 같은 음식을 여럿이 먹는 것이 불편하면 그릇을 하나 달라고 하여 거기에 덜어 먹어도 괜찮다. 이렇게 여럿이 음식을 먹을 때 음식을 개인별로 덜어 먹기 위해 사용하는 그릇을 '앞접시'라고 한다.

음식을 먹을 때 소리를 내면서 먹는 것은 대부분의 나라에서 좋게 여겨지지 않는다. 한국도 마찬가지다. 먹을 것이 귀하던 시절에는 소리를 내면서 음식을 맛있게 먹으면 '복스럽게 먹는다'고 하여 좋게 여기기도 했지만 최근 한국에서는 이렇게 음식을 먹는 것을 좋지 않게 여기는 사람이 많다.

- 복스럽다: 모난 데가 없이 복이 있어 보이다. 福스럽다. looking lovely.

(3) 결혼식 Wedding ceremony

모든 것을 빨리빨리 하는 한국에서는 결혼식도 빨리빨리 하는 경우가 많다. 심지어 15분 안에 결혼식을 마치기도 한다. 많은 사람들이 '결혼식장' 혹은 '예식장'이라는 곳에서 결혼을 하는데 결혼식장에 신랑은 양복을, 신부는 웨딩드레스를 입고 등장한다. 예전에는 결혼식에 많은 돈을 들였는데 최근에는 간소하게 결혼식을 하는 추세다.

결혼식에는 초대장(청첩장)을 받고 가기도 하지만, 초대장이 없더라도 결혼하는 사람을 잘 알거나 축하해 주고 싶으면 결혼식에 참석한다. 이때 축하의 표시로 약간의 돈(축의금)을 주기도 하고, 친한 친구의 결혼식이면 따로 선물을 사 주기도 한다. 결혼식에 참석하거나 문상을 갈 때에는 정장을 입는 것이 일반적이다. 그러나 꼭 정장을 입어야 하는 것은 아니며 단정한 복장을 하고 가도 괜찮다.

결혼식에 참석해 축하의 뜻으로 돈을 줄 때에는 봉투에 넣어 주는 것이 예의이다. 봉투의 앞쪽에는 '축 결혼'이라고 쓰고 봉투의 뒷면에는 자신의 이름을 쓴다. 결혼식뿐만 아니라 문상을 가서 주는 조의금도 봉투에 넣어서 주는데 이때에는 봉투의 앞면에 '부의' 또는 한자로 '賻儀'라 쓰고 뒷면에는 자신의 이름을 쓴다. 과외비나 아르바이트비를 줄 때에도 꼭 돈을 봉투에 넣어서 준다. 또 돈을 주고받을 때에는 두 손으로 주고받는 것이 예의이다.

- 초대장: 어떤 자리나 모임에 초대하는 뜻을 적어서 보내는 편지. 招待狀. a letter of invitation.

- 정장: 격식을 갖춘 복장. 正裝. formal dress.

- 봉투: 편지나 서류 따위를 넣기 위해 종이로 만든 주머니. 封套. envelope.

(4) 문상 Etiquette for condolence

문상은 아는 사람, 또는 아는 사람의 가족이 돌아가셨을 때 찾아가 인사하는 것이다. 문상 갈 때에는 가급적 검은색 등 어두운색 계열의 옷을 입고 가는 것이 좋으며 절을 할 때는 겉옷(코트)을 벗고 한다. 돌아가신 분의 사진(영정) 앞에 국화를 바치거나(헌화) 향을 사른 뒤에(분향) 영정을 향해 두 번 절을 한다. 영정에 절을 한 후에는 돌아가신 분의 가족(유족)에게 한 번 절을 한다. 요즘에는 종교적인 이유로 절을 하지 않고 분향과 헌화를 한 뒤에 고개를 숙여 묵념을 하는 경우도 있다. 영정을 향해 묵념을 했으면 유족들에게도 고개를 숙여 가볍게 인사를 한다. 절을 할지 묵념을 할지는 다른 사람들이 어떻게 하는가를 보고 따라서 하면 된다.

문상 가서 가장 예의에 맞는 인사말은 아무 말도 하지 않는 것이다. 그 어떤 말도 상을 당한 사람에게 위로가 될 수 없기 때문이다. 굳이 인사말을 해야 한다면 "얼마나 슬프십니까?", "뭐라 드릴 말씀이 없습니다." 등과 같이 할 수 있다. 결혼식과 마찬가지로 문상 갈 때도 약간의 돈(조의금)을 주기도 한다.

- 사르다: 불에 태우다. burn.

[참고] 축의금과 조의금

축의금과 조의금은 모두 돈을 준다는 의미의 단어이지만, 쓰이는 상황은 전혀 다르다. 축의금은 축하하기 위해 주는 돈이고, 조의금은 위로하기 위해 주는 돈이다. 결혼식과 같이 축하할 일에 주는 돈이 축의금이고, 장례식과 같이 위로할 일에 주는 돈이 조의금이다. 축의금과 조의금을 합쳐 '부조금'이라고 하는데, 이 말은 '도와 주는 돈'이라는 뜻이다.

(5) 전화 예절과 이메일 예절

다른 나라도 마찬가지지만 한국에서도 늦은 시간이나 주말, 휴일에 다른 사람에게 연락을 하는 것은 무례한 것이다. 밤 10시 이후나 주말, 휴일에는 매우 급한 일이 아니면 선생님이나 친구에게 연락을 하지 않도록 한다. 또 처음 전화를 하거나 문자 메시지를 보내는 사람에게는 먼저 자신이 누구인지 밝히는 것이 좋다.

우리는 일상생활을 하면서 편지보다 이메일을 많이 쓴다. 이메일은 언제 어디서나 쓸 수 있고 빨리 보낼 수 있기 때문에 편리하다. 그러나 이메일도 편지의 한 종류이기 때문에 이메일을 보낼 때에는 몇 가지 신경을 써야 한다. 첫째, 짧고도 분명하게 써야 한다. 이메일은 가급적 짧게 쓰는 게 좋다. 그 대신에 하고 싶은 말은 분명히 전달해야 한다. 둘째, 예의를 지켜서 써야 한다. 친구와 SNS로 대화할 때 쓰는 줄임말이나 비속어는 쓰지 않는 게 좋다. 셋째, 첨부파일이 있더라도 가급적 본문에 첨부파일의 내용을 요약하여, 본문만 읽고도 첨부파일의 내용을 알 수 있도록 해야 한다. 윗사람에게 이메일을 쓸 때는 간결하게 쓰되 다음과 같은 항목을 포함하여 예의를 갖추어 쓰도록 하자.

① 제목 : 내용을 짐작할 수 있게 쓰되 제목에도 자신의 신분을 밝힌다.
② 인사말(greetings) : 간단히 인사하고 자신이 누구인지 밝힌다.
③ 개요(an outline) : 왜 이메일을 보내는지 간단히 쓴다.
④ 구체적 용건(detail) : 왜 이메일을 보내는지 구체적으로 쓴다.
⑤ 끝인사 : 답장을 부탁하는 말과 함께 간단히 인사한다.
⑥ 서명 : 자신의 이름과 함께 '올림', '드림' 등의 말을 덧붙여 쓴다.

Tips_'올림'과 '드림', 그리고 '씀'
　　　윗사람에게: ○○○ 올림, ○○○ 드림
　　　동료에게: ○○○ 드림, ○○○
　　　아랫사람에게: ○○○ 씀, ○○○

리포트 관련 문의(한국문화론, 아네스)

⊞ 보낸사람   23.03.04 17:35 주소추가 수신차단

선생님, 안녕하세요. 한국문화론 수업을 듣고 있는 아네스입니다.

기말 리포트에 대해 궁금한 점이 있어서 문의드립니다.

리포트 분량이 A4 용지로 5매 내외라고 하셨는데,

글자 크기와 줄간격은 어떻게 해야 하나요?

그리고 목차와 참고문헌, 부록은 5매 내외의 분량에 포함되는 것인가요?

답변해 주시면 감사하겠습니다.

그럼 안녕히 계세요.

아네스 올림.

공식 행사 때문에 수업에 참석할 수 없게 되었을 때, 담당 선생님께 양해를 구하는 이메일을 써보자.

_____

_____

_____

_____

_____

_____

_____

_____

_____

_____

_____

_____

_____

_____

_____

_____

_____

_____

_____

한국의 예절과 자신의 나라의 예절 중 가장 큰 차이를 보이는 것은 무엇인가? 두 나라의
예절을 비교하는 설명문을 써 보자.

Geography
&
Food

3. 한국의 자연환경

1) 지리적 특징 The geographic setting of Korea

한국은 동북아시아에 반도의 형태를 띠고 있다. 이 반도를 '한반도'라고 한다. 한반도는 북쪽으로 중국과 러시아를 접하고 있고 동쪽과 서쪽, 남쪽은 바다로 둘러싸여 있다. 동쪽 바다를 사이에 두고 일본과도 가까운 위치에 있다.

흔히 한반도의 아름다움을 일컫는 말로 '삼천리금수강산'이라는 말을 쓴다. '삼천리'에서의 '리'(里)는 거리를 측정하는 단위로 한국이나 중국 등에서 오랫동안 사용해 왔다. 이 '리'는 나라와 시대마다 다른 거리를 나타낸다. 오늘날 한국에서의 1리는 약 400미터이므로 '삼천리'는 약 1,200킬로미터이다. 한반도의 북쪽 끝에서 남쪽 끝까지가 1,200킬로미터 정도이기 때문에 '삼천리'는 한반도를 가리키는 말로 쓰인다. 또 '금수강산'은 비단에 수를 놓은 듯 아름다운 자연을 뜻한다.

한반도는 삼면이 바다로 둘러싸여 있다. 서해는 수심이 얕아 바닷물이 황색을 띠기 때문에 황해라고도 한다. 남해에는 섬이 많은 것이 특징이다. 크고 작은 섬들이 2,000개가 넘으며 자연환경이 매우 아름답다. 남해는 섬이 많은 바다라고 해서 '다도해'(多島海)라고도 한다. 남해안 동쪽의 통영(한산도) 앞바다에서 서쪽 여수 앞바다까지 펼쳐져 있는 무수히 많은 섬은 장관을 이룬다. 한편 동해는 수심이 깊은 것이 특징이다. 수심이 깊기 때문에 바다의 색깔도 더욱 짙은 푸른색을 띠고 있다.

한반도의 평균 해발은 약 448미터로 높고 낮은 산들이 많은 산악 지형을 띠고 있다. 백두산으로부터 금강산, 설악산을 거쳐 지리산에 이르는 산맥을 '백두대간'이라 부른다. 한반도에서 가장 높은 산은 북한에 있는 백두산(2,750m)이고 그 다음으로 높은 산은

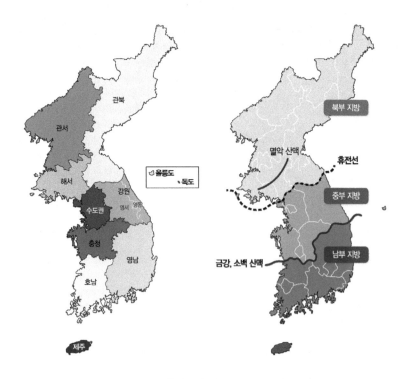

한반도의 지역 구분

제주도에 있는 한라산(1,950m)이다.

한반도를 지칭하는 다른 말로 '팔도강산'이라는 말도 있다. '강산'은 강과 산이라는 뜻이고, '팔도'는 경기도, 황해도, 평안도, 함경도, 강원도, 충청도, 경상도, 전라도의 여덟 개 도(道, province)를 가리킨다. 황해도는 해서(海西), 평안도는 관서(關西), 함경도는 관북(關北), 강원도는 관동(關東), 충청도는 호서(湖西), 전라도는 호남(湖南), 경상도는 영남(嶺南)이라고도 한다. 또 제주도는 예전에 전라도에 속해 있었지만 독자적인 언어나 문화가 있어 지금은 전라도와 별도로 '제주특별자치도'로 칭해진다. 최근 한국인들은 아시아나 유럽 등으로 신혼여행을 가지만 해외여행이 일반적이지 않았을 때에는 이국적이고 아름다운 풍광 때문에 제주도가 신혼여행지로 인기가 높았다.

신라의 도읍 경북 경주, 백제의 도읍 충남 공주와 부여, 조선시대부터 지금까지의 수도인 서울은 특히 역사가 오래된 도시이다. 삼국시대에는 불교를 믿는 사람들이 많았다. 그래서 경주와 공주, 부여에는 사찰과 탑, 불상이 많다. 또 조선은 유교 국가였고 궁궐을 많이 지어서 지금의 서울에는 성균관과 같이 유학을 교육하던 학교, 경복궁이나 창덕궁과 같은 궁궐이 많이 남아 있다. 이 밖에도 안동은 전통문화가 여전히 강하게 남아 있는 곳이고, 전라도는 음식 문화가 가장 발달한 곳이다.

한반도는 전체적으로 북동쪽이 높고 남서쪽이 낮은 동고서저형(東高西低型) 지형이다. 한반도의 70% 정도가 산간 지역인데, 대부분의 산지는 500m 내외의 낮은 산으로 경사가 완만하다. 1,000m가 넘는 산은 주로 북동쪽에 분포한다. 남쪽과 서쪽에는 큰 강을 중심으로 평야가 펼쳐져 있다.

- 반도: 삼면이 바다로 둘러싸이고 한 면은 육지에 이어진 땅. 半島. peninsula.
- 수: 헝겊에 색실로 그림이나 글자 따위를 바늘로 떠서 놓는 일. 또는 그 그림이나 글자. 繡. embroidery.
- 장관: 규모가 크고 멋진 광경. 壯觀. grand sight.
- 해발: 바다를 기준으로 잰 육지의 높이. 海拔. elevation.
- 풍광: 자연이나 지역의 모습. 風光. scenery.
- 사찰: 절. 寺刹. Buddhist temple.
- 탑: 석가모니의 유골을 모시거나 불교에서 종교적으로 특별한 곳임을 나타내기 위해 세운 건축물. 塔. pagoda.
- 불상: 나무나 돌, 쇠 등으로 부처의 모습을 본떠 만든 상. 佛像. statue of the Buddha.
- 완만하다: 경사가 급하지 않다. 緩慢하다. gentle.
- 평야: 평평하고 너른 들. 平野. plain.

2) 기후와 문화 Climate & Culture

한반도는 면적이 넓은 편은 아니지만 지역별로 다양한 기후 특징을 보인다. 가장 남쪽의 제주도는 아열대성 기후로 일년 내내 따뜻해서 귤(mandarin)이 난다. 반면 북한 지역의 중강진은 추운 겨울로 유명한데, 기온이 영하 40도 아래로 내려가기도 한다.

한국은 사계절의 변화가 뚜렷하다. 이러한 계절의 변화로 한국인들은 다양한 환경에 적응하며 살아왔다. 추운 겨울 다음에 오는 봄은 꽃샘추위나 황사가 있기는 하지만 활동하기가 좋아 나들이를 다니고 학교나 농사일을 시작하는 계절이다. 일반적으로 4월에는 전국에 온갖 꽃들이 만발하게 된다. 봄이 가고 여름에 들어설 때 장마가 시작된다. 6월 하순에서 7월 중순까지 약 한 달간 장마 기간이 이어지는데, 장마 기간에는 온도와 습도가 높아 후덥지근하고 불쾌지수도 높아진다.

장마가 끝나면 본격적인 무더위가 시작된다. 이때부터 한국의 곳곳에서 시끄러운 소리가 들리는데, 그 정체는 바로 매미 소리이다. 매미 소리는 한국의 여름 느낌을 물씬 느끼게 해 준다. 또 무더위가 시작되면 사람들은 휴가를 떠나는데, 휴가 기간은 주로 7월 말에서 8월 초에 집중되어 있다. 8월에는 무더위가 심해 지친 몸에 원기를 회복시켜 주는 삼계탕을 먹는다.

가을은 예로부터 천고마비의 계절이라 불렸듯이 하늘이 높고 푸르며 농작물의 수확으로 먹을거리가 풍부한 계절이다. 여름이 끝나고 가을이 시작될 무렵에 태풍이 찾아오기도 한다. 추석이 지나면 날씨가 선선해지는데, 특히 10월 중순에는 북쪽에서부터 단풍이 들기 시작하여 11월 초까지 전국의 유명한 산들에는 단풍놀이를 하는 사람들로 붐빈다. 가을에서 초겨울 사이에 한국의 도시에 있는 은행잎이 노랗게 물든다. 이때 은행나무에서 열매인 은행(gingko)이 떨어지는데 그 냄새가 고약하다. 그 냄새는 벌레나 짐승이 은행의 씨앗을 먹지 못하도록 하기 위한 것이다. 불행 중 다행인 것은 '아줌마'들이나 '할머니'들이 거리에 떨어진 은행 열매를 곧잘 주워 간다는 것이다. 이 은행 열매를 구우면 제법 맛이 있고 건강에도 좋다고 한다. 그래서 은행을 구워 먹거나 요리에 쓰기 위해 주워 가는 것이다. 겨울은 춥고 건조하며 눈도 내린다. 눈은 주로 북부지방과 중부지방에 내린다. 겨울에는 식물이 자라지 않아서 한국인들은 가을에 채소를 말리거나 김장을 하여 부족한 채소를 보충하였다.

한국은 사계절의 변화가 뚜렷하기 때문에 계절에 따라 나오는 과일도 다르다. 사실 한국은 세계에서 과일이 매우 비싼 나라 중 하나이다. 요즘에는 수입 과일도 많아서 언제든 원하는 과일을 먹을 수 있지만, 여전히 한국인들은 제철 과일을 선호한다. 봄에는 딸기, 여름에는 수박, 가을에는 감, 겨울에는 귤을 많이 먹는다. 제철 과일은 다른 과일에 비해 가격도 저렴할 뿐만 아니라 맛도 좋다.

봄	여름	가을	겨울
한라봉, 딸기	자두, 참외, 수박, 복숭아	포도, 사과, 감, 배	귤

한국의 제철 과일

- 만발하다: 꽃이 활짝 다 피다. 滿發하다. be in full bloom.
- 장마: 여름철에 여러 날을 계속해서 비가 내리는 현상이나 날씨. rainy season.
- 후덥지근하다: 기온과 습도가 높아 조금 답답할 정도로 더움. sultry.
- 불쾌지수: 기온과 습도 등의 요인 때문에 불쾌함을 느끼는 정도를 나타내는 수치. 不快指數. temperature-humidity index.
- 무더위: 습도와 온도가 매우 높아 찌는 듯 견디기 어려운 날씨. sultriness.
- 매미: cicada.
- 원기: 마음과 몸의 활동력. 元氣. energy.
- 천고마비: 하늘이 높고 말이 살찐다는 뜻으로, 하늘이 맑아 높푸르게 보이고 온갖 곡식이 익는 가을철을 이르는 말. 天高馬肥. Weather is good enough for us to be active in the fruitful season.
- 선선하다: 시원한 느낌이 들 정도로 서늘하다. cool.
- 고약하다: 맛이나 냄새 따위가 비위에 거슬리게 나쁘다. awful.
- 제철: 알맞은 때. in season.

연습문제

1. 한국과 자신의 나라의 지리적인 특징, 기후의 특징을 비교하여 말해 보자.

2. 자신의 나라의 귤 또는 오렌지와 한국의 귤을 비교하여 맛과 생김새가 어떻게 다른지 이야기해 보자.

3. 매미가 어떤 과정을 거쳐 울게 되는지 조사해 보자.

3) 한국의 좌식 문화와 주거 형태

(1) 좌식 문화 Sedentary lifestyle

한국에서는 집 안에 들어갈 때 신발을 벗고 들어간다. 한국인들은 신발을 더러운 것으로 생각하기 때문이다. 한국에서 다른 사람의 집에 방문할 때에는 자신의 양말 상태를 점검할 필요가 있다. 양말에 구멍이 나 있지는 않은지, 짝짝이는 아닌지 신경을 쓰는 것이 좋다. 꼭 남의 집이 아니더라도 한국에서는 신발을 벗을 일이 적지 않다. 어떤 음식점은 신발을 벗고 들어가야 한다. 그러니 한국에서는 늘 양말을 잘 관리하는 것이 좋다. 신발을 벗고 지내면 확실히 발이 편하고 피로도 줄어드는 것을 경험할 수 있다.

신발을 벗고 들어가는 음식점 중에는 의자가 없이 그대로 바닥에 앉아야 하는 곳이 많다. 이렇게 바닥에 앉아서 한쪽 다리를 안으로 접고 다른 쪽 다리를 그 위에 올리는 것을 '양반다리' 혹은 '책상다리'라고 한다. 바닥에 앉는 것에 익숙한 한국인들은 가끔 의자 위에서도 양반다리를 하고 앉는 것을 볼 수 있다. 또 거실에 소파(sofa)가 있어도 그 위에 앉기보다 거실 바닥에 잘 앉는다. 그래서 한국인들은 바닥에 앉아 등을 기대기 위해 소파를 사용한다는 우스갯소리도 있다.

평소 바닥에 앉을 일이 없는 문화권의 사람들에게 양반다리를 하고 앉는 것은 여간 괴로운 일이 아니다. 다리를 꼬고 앉아 있다가 많이 불편하면 다른 사람들에게 양해를 구하고 다리를 펴고 앉아도 된다. '요가(yoga)'를 하는 셈치고 앉는 연습을 해 보라고 권하는 사람도 있지만, 요즘에는 한국인들 중에도 양반다리로 앉는 것을 불편하게 생각하는 사람들이 많다.

• 짝짝이: 서로 짝이 아닌 것끼리 합하여 이루어진 한 벌. an unmatched pair.

• 양해를 구하다: 자신의 사정을 잘 이해하여 너그럽게 받아들여 줄 것을 요청하다. 諒解를 求하다. ask to be excused.

초가집(위 왼쪽)과 기와집(위 오른쪽), 그리고 서울 도심에 남아 있는 빌라(아래)

(2) 주거 형태 Housing types

한국의 전통 가옥에는 초가집과 기와집 등이 있다. 보통 '한옥'이라고 하면 기와집을 가리킨다. 어느 형태이든 한국의 모든 집에는 신발을 벗고 들어간다. 오늘날 초가집은 시골 마을에서도 찾아보기 어려우며 박물관이나 민속촌에 가야 볼 수 있다. 그나마 기와집은 몇몇 도시에 남아 있다. 서울의 북촌 한옥마을, 전주 한옥마을과 같이 기와집이 많이 모여 있는 곳이 있다. 또 경주에도 기와집이 아직 많이 있다. 이러한 기와집에는 여전히 사람들이 살고 있으며 집 밖에는 간장이나 고추장, 김치 등을 보관하는 장독대가 있기도 하다.

서울뿐 아니라 지방 곳곳, 심지어 시골 마을에도 한옥 대신 단독주택이나 아파트가 빽빽이 들어서 있다. 한국에는 아파트가 특히 많다. 똑같은 구조의 좁은 공간에 많은 사람들이 모여 사는 것이 이상하게 생각될 수도 있다. 그러나 관리가 편하고 생활 여건이 좋다는 이유로 단독주택보다 아파트가 선호되고 있다. 단독주택과 아파트의 중간 형태로 '빌라'라는 것도 있다. 매우 작은 규모의 아파트 정도로 이해할 수 있다. 그러나 요즘에는 도시마다 아파트 수가 늘어나고 있으며 빌라나 단독주택 수는 줄어들고 있다.

놋쇠 화로 (국립중앙박물관)

한옥과 단독주택, 아파트 등 한국의 모든 주거 형태는 한 가지 중요한 공통점을 지닌다. 바로 '온돌'이라는 한국 고유의 난방 시스템이다. 온돌(Ondol)은 옥스퍼드 영어사전에 표제어로 올라 있을 만큼 김치와 함께 한국의 문화를 대표하는 어휘이다. 온돌은 아궁이에서 불을 피워 방바닥 밑으로 난 통로를 통해 방바닥 전체를 데우는 난방 장치이다.

온돌 시스템은 에너지 효율 면에서 매우 경제적이다. 아궁이에서 불을 피우면 불의 열기가 가마솥의 물을 끓이고 동시에 방바닥을 데운다. 이렇게 취사를 위한 열에너지에 의해 방바닥이 가열되고 여기에 저장된 열이 방 안에 온기를 전달해 준다. 보통 온돌방은 아궁이 쪽의 아랫목이 굴뚝 쪽의 윗목보다 따뜻하다. 그래서 예전에는 추운 겨울이면 온 가족이 아랫목에 모여 앉아 화롯불을 쬐며 정담을 나누었다. 아랫목에 펴 놓은 이불 속에는 항상 따끈따끈한 밥이 들어 있었다.

온돌은 다른 어떤 난방 시설보다 건강에 좋다. 방바닥은 넓으면서도 얇고 단단한 돌을 평평히 깔고 그 틈새와 표면을 황토로 발라 시공한다. 방바닥이 가열되면 이 돌과 황토에서 원적외선이 나온다. 원적외선은 몸에 흡수되어 체온을 높이고, 땀과 각종 노폐물을 몸 밖으로 배출하여 여러 가지 병을 치료하는 데 도움을 준다. 한국인들이 즐겨 찾는 찜질방은 이러한 온돌 효과를 대중화하여 성공한 대표적인 시설이라 할 수 있다.

그러나 오늘날에는 온돌의 재료가 되는 돌을 구하기가 쉽지 않고 서양식의 주택 구조가 선호됨에 따라 온돌은 완전히 다른 모습으로 변하였다. 대부분의 주택에서는 전통적인 온돌 대신 콘크리트의 방바닥 내부에 동(銅) 파이프(pipe)를 설치한 뒤 더운 물을 파이프 안으로 순환시켜 난방을 한다. 최근에는 전통적인 온돌 효과가 다시 부각되

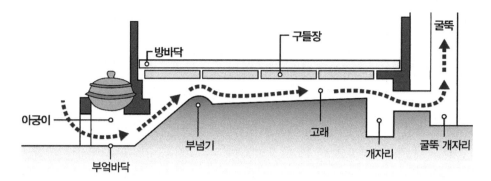

온돌의 구조

면서 서양식 침상에 돌을 얹은 돌침대, 방바닥과 벽을 황토로 시공한 황토방이 인기를 얻고 있다. 추운 겨울밤 한국인의 노곤한 심신을 풀어 주고 가족 간의 정(情)을 돈독하게 해 주던 따끈따끈한 온돌방이 이제는 건강을 위한 난방 시스템으로 각광을 받고 있는 것이다.

- 표제어: 책에서 어떤 항목을 찾기 편하도록 제시한 제목. 標題語. headword.
- 아궁이: 방이나 솥 따위에 불을 때기 위하여 만든 구멍. fireplace.
- 데우다: 식었거나 찬 것을 덥게 하다. warm up.
- 취사: 끼니로 먹을 음식 따위를 만드는 일. 炊事. cooking.
- 화롯불을 쬐다: 화로(숯불을 담아 놓은 그릇)에 손을 따뜻하게 하다. warm one's hands over the brazier.
- 정담을 나누다: 정답게 이야기를 주고받다. 情談을 나누다. have a friendly talk.
- 시공하다: 공사를 하다. 施工하다. build.
- 원적외선: 파장이 가장 긴 영역의 적외선. 遠赤外線. far-infrared radiation.
- 노폐물: 몸 안에서 만들어진 물질 중 몸에 필요 없는 것. 老廢物. body waste.
- 동: 붉은색의 금속. 열을 잘 전달한다. 銅. copper.
- 침상: 누워서 잘 수 있도록 만든 가구. 寢牀. bed.
- 각광을 받다: 많은 사람들의 관심이나 흥미, 인기 따위를 끌다. 脚光을 받다. be spotlighted.

1. 온돌이 무엇인지 간단히 설명해 보자.

2. 온돌의 장점 두 가지를 찾아 써 보자.

   1)

   2)

3. 온돌이 피로를 풀어줄 수 있는 것은 온돌의 어떤 특성 때문인지 찾아 써 보자.

4. 온돌이 가족 간의 정을 돈독하게 해 주었던 구체적인 예를 이 글에서 찾아 써 보자.

5. 아래에서 맞는 것에는 ○표, 틀린 것에는 ×표 하시오.

   1) 오늘날 한국의 여러 주거 형태 중 한옥이 가장 인기가 많다. (　　)

   2) 전통적인 온돌 시스템은 취사와 난방 두 가지 모두 가능했다. (　　)

   3) 오늘날에도 온돌이 전통 방식 그대로 사용되고 있다. (　　)

   4) 서양식 주택에는 온돌 시스템을 적용할 수 없다. (　　)

   5) 온돌 효과를 응용한 각종 제품과 시설이 사람들의 관심을 끌고 있다. (　　)

6. 자신의 나라의 주거 문화 중 한국의 주거 문화와 다른 점에 대해 말해 보자.

4. 한국의 음식 문화

19세기 말에 한국을 방문한 미국의 천문학자 퍼시벌 로웰(Percival Lowell, 1855~1916)은 "보통의 한국인들은 살기 위해 먹지 않고 먹기 위해 산다."(The average Korean does not eat that he may live, but lives that he may eat.)라 했다. 그만큼 한국인들은 음식에 관심이 많다. 음식의 종류와 조리법도 상당히 다양하다.

• 천문학자: 우주와 별 등을 연구하는 학자. 天文學者. an astronomer.

1) 한국 음식 문화의 특징

(1) 주식과 부식의 구분 Meal & Side dishes

한국의 음식은 주식과 부식으로 구분된다. 한국인들은 식사를 할 때 일반적으로 주식인 쌀밥과 부식인 국, 반찬 등을 함께 먹는다. 밥만 먹는 경우도 없고 국이나 반찬만 먹는 경우도 없다.

한국인들은 보통 하루에 아침, 점심, 저녁 세 번 식사를 한다. 아침에 하는 식사를 '아침식사', 점심에 하는 식사를 '점심식사', 저녁에 하는 식사를 '저녁식사'라고 한다. 하지만 '아침을 먹다', '점심을 먹다', '저녁을 먹다' 등처럼 '아침', '점심', '저녁'으로 표현하기도 한다. 즉 '아침'은 morning을 뜻하기도 하지만 breakfast를 뜻하기도 하며 '점심', '저녁'도 마찬가지다. 아침에는 학교나 직장 등에 가기 위해 분주하게 준비하기 때문에 여유가 없거나 귀찮아서 아침을 먹지 않는 사람들도 있다. 또는 빵이나 간식으로 아침을 간단히 때우는 사람들도 많다.

한국 사람들은 밥을 잘 먹어야 한다고 생각한다. 그래서 아침이나 점심, 저녁 등 식사 시간에 만나는 사람에게는 '밥 먹었어?', '식사하셨어요?'와 같은 인사말을 한다. 한국에서 '밥을 먹었다'고 할 때 '밥'은 주식에 해당한다. 밥은 꼭 쌀밥만을 가리키지 않는다. 국수나 라면, 짜장면, 수제비 등을 먹었어도 '밥을 먹었다'고 한다. 한편 '밥을 하다'라는 말을 쓰기도 하지만 '밥을 짓는다'는 표현도 많이 쓴다. 그러나 '밥을 만든다'는 표현은 잘 쓰지 않는다. 한국인들은 하루 세 번 주식에 해당하는 것을 먹는 것을 선호한다.

쌀밥을 주식으로 먹을 때에는 두세 가지, 혹은 그 이상의 부식들과 함께 먹는다. 부식에는 국, 찌개, 그리고 반찬들이 있다. 밥과 국을 함께 먹을 때에는 밥은 왼쪽에, 국은 오른쪽에 놓고 먹는다. 또 수저(숟가락과 젓가락)는 밥이나 국의 오른쪽에 세로로 놓는다. 한국의 수저는 중국이나 일본의 것과 달리 쇠로 만든 것이다. 쇠숟가락과 쇠젓가락은 뜨거운 음식이 많은 한국 음식을 먹는 데 적합하다. 또 김치나 반찬의 양념이 스며들지 않고 씻기 쉬워 위생적으로 계속 사용할 수 있다는 장점이 있다. 과거에는 금이나 은, 놋쇠(brass) 등의 금속으로 만들었는데 요즘에는 스테인리스(stainless)로 만든 가벼운 수저가 주로 사용된다.

한국에는 다양한 종류의 국, 찌개, 탕이 있다. 국과 찌개에 들어가는 재료는 비슷하지만, 국물이 더 많은 것을 국이라 하고 국물이 적은 것을 찌개라 한다. '곰국'과 '곰탕'이 같은 음식을 가리키듯이 국을 높여 탕이라 하기도 한다. 인삼과 같은 약재를 뚝배기에 넣고 오래 끓여 몸에 좋다고 생각되는 음식을 탕이라고 하기도 한다. 이렇게 몸에 좋은 음식을 먹는 것을 '보신하다', 또는 '몸보신하다'라고 한다. 여름철에 먹는 삼계탕이 대표적인 몸보신 음식이다.

한국에서 밥과 함께 먹는 국이나 찌개의 종류는 상당히 다양하다. 대표적인 국으로는 된장국, 콩나물국, 미역국, 뭇국, 북엇국을 들 수 있다. 또 대표적인 찌개로는 된장찌개, 부대찌개, 김치찌개, 순두부찌개, 육개장 등을 들 수 있다. 자주 먹는 탕에는 곰탕, 설렁탕, 삼계탕 같은 것이 있다. 그런데 이 국과 찌개는 재료와 조리 방법에 따라 더욱 다양하게 만들 수 있다. 예를 들어 김치찌개에 무엇을 넣느냐에 따라 돼지고기 김치찌개, 참치 김치찌개 등을 만들 수 있다. 된장국도 얼간이 된장국, 시레기 된장국,

시금치 된장국 등 여러 종류가 있다. 국이나 찌개, 탕 외에도 조림, 무침 등 다양한 조리법의 요리가 있다.

한편 아침식사, 점심식사, 저녁식사 외에 간단히 먹는 것을 '간식'이라고 한다. 배가 많이 고프지는 않지만 무언가를 먹고 싶은 기분이 드는 것을 '입이 심심하다'라 한다. 한국인들은 입이 심심하면 간식을 찾는다. 과일이나 빵, 과자 등을 간식으로 먹는다. 그러나 간식은 아침식사, 점심식사, 저녁식사와 같이 '식사하다'처럼 '간식하다'라는 말은 쓰지 않고 '간식을 먹다'라고만 쓴다.

- 주식: 밥이나 빵과 같이 끼니에 주로 먹는 음식. 主食. meal.
- 부식: 주식에 곁들여 먹는 음식. 밥에 딸린 반찬 따위를 이름. 副食. side dish.
- 분주하다: 몹시 바쁘게 이리저리 뛰어다니다. 奔走하다. busy.
- 때우다: 간단한 음식으로 끼니를 대신하다. grab a bite.

(2) 발효 식품의 발달 Various fermented foods

한국에는 김치, 간장, 된장, 고추장, 젓갈과 같은 발효 식품이 발달하였다. 김치는 한국의 대표적인 음식이다. 한국인들은 식사를 할 때마다 반드시 김치를 먹는다. 한국의 어디에 가도 식사를 할 때 손쉽게 김치를 먹을 수 있다. 가장 대표적인 김치는 배추김치이지만, 김치에는 재료와 조리 방법에 따라 실로 많은 종류가 있다. 채소를 절여 보관하면서 발효 과정을 거치는 모든 음식을 김치라 한다. 배추 외에도 무, 파, 오이, 가지 등 대부분의 채소가 김치의 재료가 된다.

김치는 별도의 양념 없이 담그기도 하지만 일반적으로는 양념을 이용해 담근다. 김치에는 파, 마늘, 무, 고춧가루가 들어간다. 지역에 따라 젓갈을 넣기도 한다. 예전에는 초겨울에 겨울 동안 먹을 김치를 담갔다. 이것을 '김장'이라고 한다. 요즘에도 많은 집에서 김장을 한다. 그러나 일 년 내내 언제든 김치를 사 먹을 수도 있다. 김치를 만드는 공장도 많다.

김장을 하는 날에는 이웃과 모여 김장을 하기도 하고 멀리 떨어져 있던 가족이 모여 김장을 하기도 한다. 김장을 하는 날은 그야말로 잔칫날과 같다. 김장을 마치고 나서,

막 담근 김치를 삶은 돼지고기와 함께 먹기도 하는데, 이것을 '보쌈'이라고 한다. 한국에는 보쌈 전문점도 많고 보쌈은 배달 음식으로도 인기가 높다.

- 절이다: 채소 따위를 소금에 담가 간이 배어들게 하다. salt down.
- 담그다: 재료를 버무리거나 물을 부어서 익거나 삭도록 그릇에 넣어 두다. soak. 예) 김치를 담그다, 매실주를 담그다.
- 양념: 음식의 맛을 돋우기 위하여 쓰는 재료를 통틀어 이르는 말. 기름, 깨소금, 파, 마늘, 간장, 된장, 소금, 설탕 따위를 이른다. seasoning.
- 젓갈: 새우나 조개, 멸치 등을 소금에 짜게 절여 만든 음식. salted seafood.

(3) 조리법과 재료의 다양성 Variety of recipes and ingredients

김치 외에도 여러 가지 재료를 무치거나(무침), 조리거나(조림), 볶은(볶음) 다양한 반찬들이 있다. 또 다른 나라에서는 잘 먹지 않는 식재료를 이용해 음식으로 먹기도 하는데 깻잎, 김, 미역 등이 그 예다. 독특한 향을 지닌 깻잎은 그 향 때문에 처음 접한 외국인들은 잘 먹지 못한다. 그런데 한국인들은 깻잎을 날것으로 쌈을 싸 먹기도 하고 삼겹살을 싸 먹기도 하며 장아찌, 김치로 만들어 먹기도 한다.

김은 잘 건조하여 밥을 싸 먹기도 하고 국을 끓여 먹기도 한다. 김은 한국과 일본 등 몇몇 나라에서만 먹는 식재료인데, 일본인들은 한국의 김을 좋아하여 한국에 여행 온 일본인들은 김을 많이 사 간다. 근래에 김에 조미를 한 제품이 미국에서 몸에 좋은 간식으로 인기를 끌고 있기도 하다.

한편 한국인들은 생일에 미역국을 먹는다. 생일에 미역국을 먹는 이유는 미역이 산모 산후조리에 도움이 되기 때문이라는 설이 있다. 근거는 불분명하지만 언젠가부터 한국인들이 생일에 미역국을 먹는 것이 하나의 풍습이 되었다. 미역국은 생일날 선호하는 음식이지만 시험이나 면접을 보는 날에는 기피하는 음식이다. 미역국의 미역이 미끌거리기 때문에 미역국을 먹으면 시험이나 면접에 미끄러져 떨어진다는 믿음이 있기 때문이다. 이것 또한 근거가 없는 것으로 하나의 속설에 불과한데, 한국인들은 그 속설을 믿는 경향이 있다.

한국에는 산지가 많고 삼면이 바다로 둘러싸여 있어서 나물, 고기, 해산물 등 다양한 음식 재료들이 있다. 최근에는 대도시나 도시에서 멀지 않은 곳에 밭을 마련해 두고 주말마다 도시 사람들이 그곳에 가서 상추나 오이, 감자나 토마토 등을 재배하는 '주말농장'도 많이 생겼다.

- 무치다: 나물 따위에 갖은양념을 넣고 골고루 한데 뒤섞다. season.
- 조리다: 양념을 한 고기나 생선, 채소 따위를 국물에 넣고 바짝 끓여서 양념이 배어들게 하다. boil down.
- 볶다: 음식이나 음식 재료를 물기가 없이 열을 가하여 자주 저으면서 익히다. stir-fry.
- 조미: 간장이나 설탕 등으로 음식의 맛을 먹기에 적합하게 맞춤. 調味. seasoning.

(4) 매운 음식 Spicy food

한국의 음식은 대체로 맵다. 매운 음식에 익숙지 않은 사람들이 한국에 오면, 음식점의 음식 중 약80% 정도의 음식을 맵다고 느낄 것이다. 한국의 음식 중 대표적인 매운 음식은 김치찌개와 고추, 고추장이다. 어떤 한국인들은 매운 고추를 매운 고추장에 찍어 먹는다. 한국에서 잘 생활하기 위해서는 매운 음식에 익숙해지는 것이 좋다.

매운 음식을 잘 먹는 한 가지 방법은, 매운 음식을 밥과 함께 먹는 것이다. 대부분의 한국 음식점에서 밥은 얼마든지 더 주문해 먹을 수 있다. 추가로 주문하는 밥은 무료로 제공되기도 한다. 음식점에서 먹는 쌀밥은 보통 '공깃밥'이라 한다. 밥을 추가로 주문할 때에도 '공깃밥'을 하나 더 달라고 하면 된다. '공깃밥'은 빈 그릇에 담긴 밥이라는 뜻이다. 한국이 농경 사회였을 때에는 이 공깃밥의 양이 상당히 많았고 밥그릇의 크기도 컸다. 그러나 요즘 한국 사람들은 그렇게 많은 양의 밥을 먹지는 않는다.

(5) 낯선 한국의 음식 문화 Unfamiliar Korean food culture

한국인들은 처음 본 사람이나 오랜만에 만난 사람에게 '언제 밥 한번 같이 먹자'는 말을 곧잘 한다. 언제 차 한잔 마시자거나 술 한잔 마시자고 하는 대신 밥을 먹자고 한다. 한국인들에게 '밥'은 그저 영양분을 섭취하는 수단에 그치는 것이 아니다. 밥을 함께 먹는 사이는 서로 친밀한 사이이다. 그래서 함께 살면서 밥을 같이 먹는 사람을 '식구'라고 하고, 같은 조직에서 함께 일하는 사람을 식구라고 하기도 한다.

한국인들은 뜨거운 국을 먹으면서 '시원하다'는 말을 하기도 한다. 이때 '시원하다'는 것은 '차갑다'는 뜻이 아니다. 음식은 비록 뜨겁지만 속이 후련한 느낌이 들면 '시원하다'고 한다. 이 표현은 뜨거운 국물이 발달되어 있는 한국의 음식 문화와 관련이 있다.

또 '이열치열'이라는 말도 있다. 이 말은 '뜨거운 것으로 더위를 물리친다'는 의미이다. 한국인들은 더운 여름에 뜨거운 음식을 먹음으로써 건강을 유지할 수 있다고 생각한다. 그래서 삼복더위에 땀을 뻘뻘 흘리면서 뜨거운 삼계탕을 먹으며 '시원하다'고 한다. 요즘에는 더운 여름에 냉면도 자주 먹는다. 그러나 냉면은 본디 겨울에 먹는 음식이었다. 냉면은 찬 음식인데 추운 겨울에 찬 음식을 먹은 것도 일종의 이열치열의 관념과 관련이 있다.

외국인들이 특히 이해하지 못하는 한국의 음식 문화는 개고기를 먹는 문화이다. 인간의 친구인 개를 음식으로 먹는 것에 기겁하는 외국인들이 많다. 그런데 왜 한국에서, 그리고 일부 동아시아 국가에서 개고기를 먹는 이유에 대해서는 미국의 문화인류학자 마빈 해리스(Marvin Harris)가 이미 밝힌 적이 있다. 마빈 해리스의 말에 따르면, 한국은 전통적으로 농경 사회였는데 동물성 단백질이 필요할 때 그것을 취할 만한 게 제한적이었다. 소는 농사를 짓기 위해 꼭 필요했고 돼지는 인간과 먹이 경쟁을 하기 때문에 키우기 어려웠다. 그래서 어쩔 수 없이 동물성 단백질을 섭취해야 하는 일이 있으면 개고기를 먹었다는 것이다.

요즘 한국에는 개고기를 파는 음식점이 많지 않다. 소고기나 돼지고기 등 동물성 단백질을 취할 수 있는 동물이 많기 때문에 굳이 개고기를 먹지 않아도 된다. 여전히 개고기를 먹는 사람이 있기는 하지만 그 수는 점점 줄어들고 있다. 여기에는 집집마다 개나 고양이를 반려 동물로 키우게 된 것도 영향을 미친 것으로 보인다.

- 이열치열: 열은 열로써 다스림. 몸에 열이 날 때 땀을 내거나 뜨거운 음식을 먹어서 이겨낸다는 의미. 以熱治熱. When it's hot, it's hot, when it's cold, it's cold.
- 삼복더위: 초복·중복·말복의 삼복 기간 동안 몹시 심한 더위. 三伏더위. dog days of

summer.

- 뻘뻘: 땀이 많이 나는 모양. profusely.

- 기겁하다: 갑작스럽게 겁을 내며 놀라다. 氣怯하다. be startled.

- 문화인류학자: 사람들의 생활 방식이나 사회의 관습 등을 연구하는 학자. 文化人類學者. a cultural anthropologist.

- 동물성: 동물에서만 볼 수 있는 성질의 것. 動物性. animal.

- 단백질: 사람의 3대 영양소 중 하나로 세포를 구성하고 생명 현상을 유지하는 물질. 蛋白質. protein.

- 제한적: 일정한 한도가 정해져 있는 것. 制限的. restrictive.

- 먹이 경쟁: 같은 먹이를 먹는 생물들이 먹이를 더 많이 차지하려고 서로 경쟁하는 일. 먹이 競爭. prey competition.

- 현저하다: 뚜렷이 드러나 있다. 顯著하다. remarkable.

연습문제 ───────────────────────────────

1. '벼'와 '쌀'과 '밥'의 차이에 대해 조사해서 말해 보자.

2. 자신이 가장 좋아하는 한국 음식, 자신이 먹지 못하는 한국 음식에 대해 말해 보자.

2) 음식점 문화

(1) 팁 문화 Tipping

일반적으로 한국의 음식점에서는 팁(tip)을 주지 않는다. 음식 가격에 세금과 봉사료가 포함되어 있기 때문에 음식점 메뉴판에 적혀 있는 금액만 지불하면 된다. 물론 고급 음식점에서 서비스에 매우 만족했거나 호텔 등에서 특별한 서비스를 받아 팁을 주고 싶다면 약간의 팁을 줄 수도 있다. 그러나 한국의 일반적인 음식점에서 팁을 주는 행위는 이상하게 여겨진다. 종업원조차도 팁을 전혀 기대하지 않는다.

한국인들의 '빨리빨리' 습성은 식사를 할 때도 나타난다. 음식점에 들어가 앉자마자, 혹은 음식점에 들어서면서 곧바로 주문을 하고, 주문한 음식은 보통 10분 안에 나온다. 사람들은 또 이 음식을 '빨리빨리' 먹는다. 어떤 나라에서는 팁 문화 때문에 음식을 먹고 곧바로 나가야 하는데, 한국은 팁 문화가 없기 때문에 음식을 천천히 먹고 천천히 나가도 된다. 그러나 그렇게 하는 사람은 드물다. 빨리 나온 음식을 빨리 먹고 빨리 나간다.

- 봉사료: 남을 위하여 일하거나 애쓴 수고로 받거나 주는 대가. 奉仕料. service charge.
- 습성: 습관이 되어버린 성질. 習性. habit.

(2) 밥 사는 문화

한국인들은 다른 사람에게 어떤 도움을 받으면 그에 대한 고마운 마음을 표현하기 위해 밥을 산다. 또 자신에게 좋은 일이 생기면 가까운 사람에게 밥을 산다. 이때의 '밥'은 물론 쌀밥만을 의미하는 것이 아니라 한 끼의 식사를 의미한다. 특히 직장에서 승진을 하는 등 좋은 일이 생겨서 남에게 음식을 대접할 때에는 '한턱 낸다'고 표현한다.

친구가 안 쓰는 물건을 내게 주었을 때, 혹은 공부나 일을 도와주었을 때에도 친구에게 밥을 산다. 이사를 할 때 이삿짐을 옮겨 주는 사람에게도 끼니 때가 되면 밥을 사준다. 이사하는 날에는 주로 배달 음식인 짜장면을 먹는다. 이렇게 한국인들은 고마움의 표시로 다른 사람들에게 곧잘 밥을 산다.

평소 함께 식사하는 사이에 식사 비용을 각자 계산하기보다는 한 사람이 계산하는 경우가 종종 있다. 한번은 친구가 밥을 사고 다른 날에는 또 다른 사람이 밥을 산다. 함께 밥을 먹고 각자 계산하는 더치페이(Dutch pay)를 하는 사람들도 있지만, 직장인들 가운데 돌아가며 음식값을 지불하는 경우도 많다.

- 지불하다: 돈을 내어 값을 치르다. 支拂하다. pay.

(3) 셀프서비스

한국의 음식점이나 카페에서는 물을 무료로 제공한다. 또 김치나 반찬도 원하면 더 요청할 수 있다. 어떤 음식점에서는 물이나 반찬을 가져다 주지 않고 스스로 가져다 먹어야 한다. 또 대부분의 카페에는 무료로 제공하는 물이 있어 스스로 가져다 마실 수 있다. 이와 같이 물이나 반찬을 스스로 가져다 먹는 것을 '셀프서비스'라고 한다. 이 렇게 물이나 반찬을 스스로 가져다 먹을 수 있는 음식점에는 '물(반찬)은 셀프'라는 말이 적혀 있다.

• 제공하다: 무엇을 내주다. 提供하다. serve.

(4) 종업원을 부르는 벨, 손님을 부르는 벨 Bells

한국의 많은 음식점에는 테이블마다 벨(bell)이 있다. 한국에 처음 방문한 외국인들에게는 이 벨이 낯설게 보일 수 있다. 이 벨은 주문을 하는 등 요청할 것이 있을 때 종업원을 부르는 용도로 쓰인다.

한국은 빨리빨리의 나라다. 주문하기 위해 벨을 누를 일은 많지 않다. 무엇을 먹을지 고민하는 사이에 어느새 종업원이 당신 앞에 나타나 주문을 기다리고 있을 것이다. 아직 메뉴를 정하지 못했을 때에는 조금 이따가 주문하겠다고 하면 된다. 그런데 성미 급한 한국인들 가운데는 종업원이 오는 것을 기다리지 못하고 테이블의 벨을 눌러 종업원을 부르는 사람도 많다.

한편 한국의 카페에서는 음료를 주문하면 영수증과 함께 휴대용 벨을 준다. 이 벨을 '진동벨'이라고 한다. 음식점의 벨과 다르게 카페의 벨은 손님을 부르는 용도로 쓰인다. 주문한 뒤에 이 벨을 들고 테이블에 가서 기다리다 보면 곧 벨이 반짝이며 부르르 떨 것이다. 음료가 준비되었으니 받으러 오라는 신호다. 그런데 간혹 성미 급한 한국인들 가운데 테이블에 앉아 기다리지 않고 진동벨을 든 채 주문대 앞에 서서 음료가 빨리 나오기를 기다리는 사람도 있다.

- 주문: 어떤 물건을 만들거나 파는 사람에게 그것을 만들어 가져다 줄 것을 요청함. 注文. an order.
- 성미: 성질이나 기질. 性味. temperament.

(5) 단골과 서비스 Regular

　한국에서는 자주 가는 가게를 '단골집'이라 한다. 가게 주인은 그렇게 자주 자신의 가게를 찾는 손님을 '단골' 혹은 '단골손님'이라 한다. 이러한 단골집에 가면 주인은 주문한 음식 외에 추가로 음식을 주기도 하고 음식의 값을 깎아 주기도 한다. 이를 '서비스'라 한다. 이때의 '서비스'는 영어의 service와는 다른 뜻이다. 값을 깎아 주거나 어떤 것을 덤으로 주는 것을 의미한다. 자주 가는 단골집이 아니더라도 한꺼번에 물건을 많이 사거나 음식을 많이 주문했을 때에도 서비스로 값을 깎아 주거나 다른 것을 더 주기도 한다.

　한국에는 '정(情)'이라는 말이 있는데 이 말은 감정(emotion)과는 조금 다른 의미의 단어이다. 사랑이나 친근감을 느껴서 남에게 조금 더 잘 대해주는 것이 바로 '정'이다. 외국인들은 이러한 한국의 '정' 문화에 감동을 받고는 한다. 반면 다른 사람을 배려하지 않고 친근감이나 사랑의 느낌 없이 대하는 것을 '정이 없다', '매정하다'고 하여 좋지 않게 생각한다.

- 단골: 늘 정하여 놓고 거래를 하는 가게 또는 그러한 손님. regular.
- 덤: 제 값어치 외에 거저로 조금 더 얹어 주는 일. 또는 그런 물건. incentive or bonus.
- 매정하다: 얄미울 정도로 쌀쌀맞고 인정이 없다. cold-hearted.

(6) 카페 문화 Etiquette at the cafe

　한국만큼 카페가 많은 나라도 드물다. 스타벅스나 커피빈과 같은 프랜차이즈(franchise) 카페는 물론이고 개인이 운영하는 아기자기한 카페도 상당히 많다. 2021년을 기준으로 서울 지역만 해도 카페 수가 20,000곳이 넘는다. 한국인의 커피 소비량도 세계 3위 수준으로 상당히 높다. 한국인은 하루 평균 한 잔의 커피를 마신다고 하는데, 어떤 사람은 하루에 몇 잔씩 마시기도 한다.

한국인들은 카페에서 커피만 마시는 게 아니다. 카페에서 친구들과 만나 담소를 나누기도 하지만, 혼자서 업무를 처리하거나 공부를 하는 사람들도 상당히 많다. 카페에서 담소를 나눌 때에는 다른 사람들을 배려해서 너무 큰소리로 이야기하지 않는 것이 좋다. 또 카페에서 업무를 처리하거나 공부를 할 때에는 너무 오랫동안 머물지 않도록 한다. 혼자서 자리를 차지하고 오랫동안 머물면 다른 손님을 받을 수 없기 때문이다. 혼자 카페에서 공부하는 사람들을 '카공족'이라고 하는데, 대체로 3시간 이상 한곳에 머물지 않는 것이 불문율이다.

카페는 커피나 차를 마시며 쉬거나 공부하는 곳이기는 하지만 다른 용도의 카페도 많다. 대표적인 것이 '애견 카페'이다. 애견 카페는 개를 키우는 사람들이 개와 함께 찾는 곳이다. 이곳에서는 개의 털을 다듬어 주기도 하고 개들끼리 모여 놀 공간도 마련되어 있다. 어떤 곳은 개들을 위한 수영장까지 갖춘 곳도 있다. 물론 개가 아닌 고양이를 위한 카페도 있다.

- 아기자기하다: 여러 가지가 오밀조밀 어울려 예쁘다. cute.
- 담소: 웃고 즐기면서 이야기함. 談笑. chat.
- 불문율: 문서의 형식을 갖추지 않은 법. 不文律. common law.

3) 음주 문화 Drinking culture

한국인들은 술을 좋아한다. 맥주도 좋아하지만 소주나 막걸리도 많이 마신다. 특히 소주와 막걸리는 지역마다 그 지역에서 만든 상품이 있어 다양하게 즐길 수 있다. 술을 좋아하는 사람들은 식사를 할 때 술을 곁들여 마시기도 하는데, 이렇게 식사를 하면서 곁들여 마시는 술을 '반주'라고 한다.

소주나 맥주, 막걸리를 따로 마시기도 하지만 간혹 소주와 맥주를 섞어 마시기도 한다. 양주와 맥주를 섞어 마시는 것을 '폭탄주'라고 한다면 소주와 맥주를 섞어 마시는 것은 '소맥'([쏘맥]이라 발음)이라 부른다. 한편 한국인들은 치킨과 맥주를 함께 먹는 것을 좋아한다. 치킨과 맥주를 '치맥'이라 부른다. 요즘에는 외국에서도 인기가 높은 메뉴이다.

　한국에서는 술잔의 술을 다 마시고 나서 술을 따른다. 아직 술이 남아 있는 상태에서 술을 더 따르는 것은 예의에 어긋난다. 또 여러 사람이 함께 술을 마실 때에는 주변 사람의 술잔이 비어 있지 않은지 신경을 써야 한다. 한국인들은 자신의 술잔에 스스로 술을 따라 마시지 않고 다른 사람이 따라 주는 것이 일반적이다. 다른 사람에게 술을 따라 줄 때에는 한손으로 술을 따르고 다른 손으로 자신이 술을 따르는 팔 밑을 받치는 것이 예의이다. 윗사람이 따르는 술을 받을 때에는 두 손으로 술잔을 잡고 받는 것이 예의이고, 친구가 따르는 술을 받을 때에는 술잔을 든 팔의 겨드랑이에 반대편 손을 가져다 대는 것이 좋다.

　직장인들은 업무를 마치고 가끔 함께 모여 '회식'을 한다. 대학에서는 친구들끼리 행사를 한 뒤에 '뒤풀이'를 하는데, 이 또한 회식의 한 종류다. 저녁식사를 하면서 간단히 술을 마시고, 자리를 옮겨 또 술을 마신다. 이를 '2차'라 한다. 때로는 노래방에 가거나 또 다른 술집으로 옮겨 '3차'를 하기도 한다. 어떤 사람들은 밤새 자리를 옮겨 다니며 아침까지 술을 마시기도 한다. 늦은 밤이나 새벽에는 버스나 지하철이 다니지 않기 때문에 경제적으로 여유롭지 못한 대학생들은 밤새 술을 마시다가 버스나 지하철이 다니면 '일찍' 집에 들어가기도 한다.

　술을 많이 마시고 난 다음 날에는 '해장'을 한다. 해장하는 것을 '속을 푼다'라고도 한다. 한국에서는 주로 해장국 등의 국물이 있는 음식으로 해장을 한다. 심지어 라면으로 해장을 하기도 하고, 술을 좋아하는 사람은 다시 술을 마셔 해장을 하기도 한다. 이를 '해장술'이라고 한다.

- 다채롭다: 여러 종류가 한데 어울려 호화스럽다. 多彩롭다. various.
- 곁들이다: 주된 음식에 다른 음식을 서로 어울리게 내어놓다. add, garnish.
- 해장: 전날의 술기운을 품. relieve a hangover.

연습문제 ────────────────────────────────

1. 한국과는 다른 자신의 나라의 음식점 문화와 음주 문화에 대해 이야기해 보자.

2. 자신의 나라에서는 과음을 한 다음 날 어떤 방법으로 해장하는지에 대해 이야기해 보자.

3. 자신이 가 본 이색적인 카페가 있다면 소개해 보자.

History
&
Society

5. 한국의 역사

'고래 싸움에 새우 등 터진다.'는 한국 속담이 있다. 강한 사람들끼리 싸우는 바람에 아무 상관도 없는 약한 사람이 중간에 끼어 피해를 입는다는 말이다. 한반도는 중국, 일본, 러시아로 둘러싸여 있고, 전략적으로 매우 중요한 위치에 있다. 이 때문에 역사적으로 주변국의 침입을 자주 받았다. 외국이 한국을 침입했던 사건 중에서 중요한 것만 들어도 몽골(1231), 일본(1592), 중국(1636), 러시아(1904), 일본(1905)의 침략을 들 수 있다. 근래에는 미국과 중국이 한반도를 사이에 두고 힘겨루기를 하고 있다. 그러나 한국은 20세기 초 일본의 식민지가 될 때까지 2000년 이상의 오랜 기간 동안 국가를 유지해 오면서 정치적 독립성과 문화적 독자성을 유지해 왔다.

고조선	삼국	남북국	고려	조선	일제강점기	미군정기	대한민국	
BC2333	BC57	668	918	1392	1910	1945	1948	현재

- 전략적: 정치, 경제 등에 필요한 방법이나 대책에 관한. 戰略的. strategic.
- 힘겨루기: 이기기 위하여 힘이나 세력을 보여 주거나 확장하려고 서로 버티는 일. a trial of strength.

1) 근대 이전의 한국

(1) 고조선~고려

한국의 역사에서 가장 먼저 등장한 나라는 고조선(B.C. 2333~B.C. 109)이다. 고조선을 세운 단군은 정치적 지도자인 동시에 종교 지도자이기도 했다. 고조선은 한반도뿐만 아니라 오늘날의 중국 요동 지역에 이르는 넓은 영토를 차지하고 있었으나 중국한나라의 침공으로 멸망했다. 그 후 고조선의 많은 사람들이 한반도 남쪽으로 내려와고구려, 백제, 신라의 세 국가를 형성하였다. 이 시기를 '삼국시대'라고 한다.

삼국시대는 기원전 1세기경부터 7세기경까지 신라, 고구려, 백제의 세 나라가 함께존재했던 시대이다. 신라는 경주 지역을 중심으로 한반도 중남부에 위치해 있었고, 고구려는 한반도 북부에 위치해 있었으며, 백제는 한반도 중서부에 자리를 잡고 있었다. 삼국은 서로 경쟁 관계에 있으면서도 문화적으로 교류하였고, 때로는 힘을 합쳐외적을 물리치기도 했다. 유교 문화를 받아들여 통치에 활용하고 불교문화를 발전시켜 불국사와 같은 사찰을 건립한 것도 이 시기이다. 삼국시대 당시에는 신라뿐 아니라 고구려, 백제 모두불교가 발달하였다. 전국에 수많은 사찰이 세워지고 곳곳의 절벽에 마애불을 새긴 시기도 이때이다.

7세기 중엽, 경주 지방을 중심으로강대해진 신라가 고구려와 백제를 멸망시키고 세 나라의 백성을 통합하면서 삼국시대가 끝나고 남북국 시대가시작되었다. 신라가 고구려와 백제의영토를 점령하여 통일신라가 되고 고구려의 유민 대조영은 말갈족과 함께

서산 용현리 마애여래삼존상

북쪽에 발해를 건국하였다. 남쪽의 통일신라와 북쪽의 발해가 병존했던 시대라고 해서 이 시기를 '남북국 시대'라고 한다.

남쪽의 통일신라는 왕권을 강화하고 중앙 집권 체계를 완성하였다. 북쪽의 발해는 당나라와 활발한 외교를 펼치며 신라를 능가하는 국력을 자랑하여 '해동성국'이라는 별칭을 얻기도 하였다. 당시 중국(당나라)에서는 북쪽의 발해와 남쪽의 신라를 함께 견제하기 위해 산동(山東) 지방에 발해관과 신라관을 설치하고 외국인을 위한 과거 시험이었던 빈공과 선발 인원도 균형을 맞추었다. 10세기에 들어서 통일신라는 왕권이 약해져 반란 세력에 의해 망하고, 발해는 당

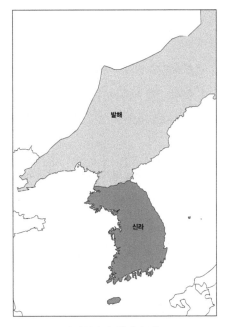

통일신라와 발해의 영토

나라 멸망 이후 새롭게 성장한 거란족의 침략으로 망하였다.

통일신라와 발해가 망하자 한반도에는 고려가 들어섰다. 475년간 지속되었던 고려는 불교문화가 융성했던 시기였다. 또 고려의 관료 제도는 유교의 영향을 많이 받았다. 고려 전기에는 주로 문신 귀족들이 권력의 중심에 있었으나, 12세기에 들어 그때까지 무시당하던 무신들이 반발하여 무신의 난을 일으키고 왕권까지 위협하였다. 무신들의 정권은 지도자가 바뀌면서도 고려 말까지 유지되었다. 이렇게 내분으로 국력이 약화된 상태에서 13세기 초 고려는 몽골족이 세운 원나라의 침입을 받게 되었다. 고려인들은 『팔만대장경』을 만들어 부처의 도움으로 외적을 물리치려 하였으며, 삼별초 부대와 민중들이 끝까지 원나라 군에 항복하기를 거부하고 강화도에서 저항하는 등 거의 30년 동안이나 적극적으로 원나라와 맞서 싸웠다. 그러나 마침내 원나라와 강화 조약을 맺으면서 고려는 지속적으로 원나라의 내정간섭에 시달리게 되었다. 차츰 쇠망의 길로 접어들던 고려는 결국 1392년 이성계와 그 지지 세력에 의해 멸망하였다.

- 마애불: 절벽에 새긴 부처. 磨崖佛. a rock cliff Buddha.

- 유민: 망하여 없어진 나라의 사람들. 遺民. descendants.

- 해동성국: 바다 동쪽의 번성한 나라라는 뜻으로 중국에서 전성기의 발해를 지칭하던 말. 海東盛國. Flourishing Land in the East.

- 견제하다: 일정한 힘을 가해 상대편이 지나치게 세력을 펴지 못하도록 억누르다. 牽制하다. check.

- 융성하다: 대단히 번성하다. 隆盛하다. flourish.

- 관료 제도: 특권을 가진 관료(벼슬에 있는 사람)가 국가 권력을 마음대로 하는 제도. 官僚制度. bureaucracy.

- 문신: 문과 출신의 벼슬로 있는 신하. 文臣. a civil minister.

- 무신: 무과 출신의 벼슬로 있는 신하. 武臣. a military official.

- 내분: 특정 조직이나 단체의 안에서 자기편끼리 싸우는 일. 內紛. internal conflict.

- 강화: 싸우던 두 편이 싸움을 그치고 평화로운 상태가 됨. 講和. an amicable settlement.

- 내정간섭: 다른 나라의 정치에 간섭하거나 강제로 그 주권을 침해하는 일. 內政干涉. intervention in domestic affairs.

- 쇠망: 쇠퇴하여 망함. 衰亡. decline.

▪ 재미있는 역사 이야기

온달은 고구려 평강왕 때의 사람인데, 용모가 너무도 추하여 남의 웃음거리가 될 정도였으나 마음은 아름다웠다. 그는 몹시 가난했으므로 항상 남에게 밥을 얻어 어머니를 봉양하였다. 다 떨어진 옷과 해진 신발로 거리를 돌아다니니, 사람들이 그를 가리켜 바보 온달이라 불렀다.

평강왕에게는 걸핏하면 우는 어린 공주가 있었는데, 왕은 늘,

"너는 항상 시끄럽게 우니 자라서도 사대부의 아내는 되지 못할 것이다. 그러니 바보 온달에게 시집을 보내야겠다."

라는 말로 공주를 놀리곤 했다.

공주의 나이 16세가 되어, 왕이 고씨라는 귀족에게 공주를 시집보내려 하니 공주가,

"왕께서 항상 저에게 장차 온달의 아내가 될 것이라 하시더니 이제 무슨 까닭으로 전에 하신 말씀을 번복하십니까? 평범한 백성도 식언을 하지 않으려 하는데, 하물며 지존의 자리에 계신 분이 그럴 수 있습니까? 옛날부터 임금이 된 자는 빈말을 하지 않는다 하였으니 지금 왕의 명령은 크게 잘못되었습니다. 저는 그 말씀을 따를 수가 없습니다."

라고 대꾸하였다. 이 말에 왕은 화가 나서,

"아비의 가르침을 따르지 않으니 너는 내 딸이라 할 수 없다! 그러니 어찌 함께 살겠느냐? 네가 가고 싶은 데로 가 버려라!"

하였다. 그러자 공주는 값비싼 팔찌 수십 개를 팔에 감고 궁궐을 나섰다.

홀로 궁을 떠난 공주는 사람들에게 물어 온달의 집에 이르렀다. 공주가 늙고 눈먼 여인을 보고 다가가서 온달이 어디 있는지 물었더니, 늙은 어머니는

"내 아들은 가난하고 비천하여 귀인이 가까이할 사람이 못 됩니다. 당신에게서는 평범하지 않은 향기가 나고, 손도 솜처럼 부드러우니 당신은 틀림없이 천하의 귀인일 것입니다. 누구에게 속아서 여기까지 왔습니까? 내 자식은 굶주림을 참지 못하여 산속에 느릅나무 껍질을 벗기러 가서 오래도록 돌아오지 않았습니다."

라고 대답하였다. 그 말을 듣고 산으로 찾아간 공주는 느릅나무 껍질을 짊어지고 오던 온달과 마주쳤다. 공주가 온달에게 마음속에 있는 말을 다 털어놓으려 하자, 온달이 버럭 화를 내며,

"이곳은 어린 여자가 다닐 만한 곳이 아니니, 너는 분명 사람이 아니라 여우 귀신일 것이다. 나에게 가까이 오지 마라!"

하고는 돌아보지도 않고 가 버렸다.

홀로 돌아온 공주는 그날 밤 사립문 밑에서 자고 다음 날 아침 다시 집에 들어가 모자에게 사정을 모두 이야기하였다. 온달이 어찌해야 할지 몰라 우물쭈물하자 그 어머니가 말하기를,

"내 자식은 너무 미천하여 귀인의 배필이 되기에 부족하고, 이 집도 너무 가난하여 진실로 귀인이 살기엔 적당하지 않습니다."

하였다. 공주가 대답하기를,

"옛 사람의 말에 곡식 한 말도 찧어서 같이 먹을 수 있고 옷감 한 조각도 바느질하여 옷을 지을 수 있으니, 마음을 같이하기만 하면 되지요. 어찌 부귀해진 이후라야만 함께 지낼 수 있겠습니까?"

하고, 지니고 온 금팔찌를 팔아 밭과 집, 노비, 소, 말, 그릇 등 살림살이에 필요한 것들을 모두 갖추었다.

처음에 말을 살 때 공주가 온달에게 말하기를,

"아무쪼록 장사꾼들의 말은 사지 마시고, 나라의 말 중에서 병들고 여위어 내버린 것을 고르십시오."

라고 하였다. 온달이 공주의 말대로 하였더니, 공주가 부지런히 돌본 덕분에 여위고 병들었던 말은 나날이 살찌고 또 씩씩해졌다.

고구려는 매년 3월 3일이면 낙랑의 언덕에서 함께 사냥을 하여, 잡은 멧돼지와 사슴으로 하늘과 산천의 신에게 제사를 지냈다. 왕이 사냥을 나서자 신하들과 온 나라의 군사들도 모두 왕을 따랐다. 온달 역시 집에서 기른 말을 타고 사냥에 나갔는데, 항상 남보다 앞서 달리고 사냥한 것 또한 많아 그보다 뛰어난 자가 없었다. 그러자 왕이 그를 불러 이름을 물어 보고는, 그가 온달임을 알자 매우 놀랐다.

한편 후주(後周)의 무제(武帝)가 군사를 보내어 요동(遼東)을 정벌하려 하니, 평강왕은 군사를 이끌고 배산(拜山)의 들에서 맞아 싸웠다. 이때 온달이 선봉이 되어 날쌔게 싸우며 수십 명의 목을 베었으므로 모든 군사들이 힘을 내어 잘 싸워서 크게 이겼다. 그 공을 논하게 되자 온달을 으뜸으로 여기지 않는 사람이 없으므로 왕이 가상하게 여겨 감탄하기를,

"과연 내 사위구나!"

하며 정식으로 온달을 사위로 맞아들이고 그에게 높은 벼슬을 내렸다. 이때부터 왕의 총애가 더욱 깊어지고 온달의 위엄과 권세가 나날이 높아져갔다.

평강왕의 뒤를 이어 양강왕(陽岡王)이 즉위하자 온달이 왕에게,

"신라가 우리 한강 이북의 땅을 빼앗아 자신들의 영토로 만들었으므로 그 땅에 살던 백성들이 옛 나라를 그리워하여 한이 맺혔습니다. 왕께서는 저를 어리석다 여기

지 마시고 군사를 내어 주시면 제가 가서 반드시 우리 땅을 되찾아 오겠습니다."

하니 왕이 허락하였다. 온달이 떠날 때 맹세하기를,

"계립현(鷄立峴)과 죽령(竹嶺) 서쪽 땅을 우리 땅으로 만들지 못하면 돌아오지 않겠습니다."

하고 출정하여 아차성 아래서 신라 군사와 싸우다가, 날아오는 화살에 맞아 길에서 죽었다. 장사를 지내려 할 때 온달의 관이 움직이려 하지 않으므로 공주가 와서 관을 어루만지면서 말하기를,

"죽고 사는 것은 이미 결정되었으니, 이제 편안히 돌아가십시오."

하니, 그제서야 관이 움직여서 장사를 지낼 수 있었다. 왕이 이 말을 듣고 매우 슬퍼하였다.

- 추하다: 외모가 못생겨서 흉하게 보임. 醜하다. ugly.

- 봉양: 부모나 웃어른을 받들어 모시는 것. 奉養. supporting one's parents, serving one's parents faithfully.

- 해진: 닳아서 떨어진. worn out.

- 사대부: 고려 시대와 조선 시대에 일반 평민층보다 신분이 높았던 '사'와 '대부'를 아울러 이르던 말. 士大夫. nobleman.

- 번복: 이리저리 뒤집음. 이렇게 했다가 저렇게 함. 飜覆. change, reversal.

- 식언: 약속한 말대로 지키지 않음. 食言. eating one's words.

- 지존: '임금'을 높여 이르는 말. 至尊. king.

- 빈말: 실속 없이 헛된 말. empty words.

- 비천하다: 지위나 신분이 낮고 천하다. 卑賤하다. humble.

- 귀인: 사회적 지위가 높고 귀한 사람. 貴人. nobleman.

- 느릅나무 껍질을 벗기러 가서: 옛날에는 흉년이 들거나 집안이 가난해서 먹을 것이 없을 때, 느릅나무(elm tree) 껍질을 벗겨 물에 불려 먹음으로써 배고픔을 달랬다고 함.

- 모자: 어머니와 아들. 母子. mother and son.

- 배필: 부부로서의 짝. 配匹. mate.

- 한 말: '말'은 곡식(crops), 액체, 가루 등의 부피를 재는 그릇이나 단위. 한 말은 한 되의 열 배로, 약 18리터의 양.
- 옷감: 옷을 만드는 데 쓰는 천. fabric.
- 노비: 남자종과 여자종을 가리키는 말. 奴婢. servant, slave.
- 아무쪼록: 될 수 있는 대로, 가능한 한. by all means.
- 여위다: 몸의 살이 빠져 파리하게 되다. become thin.
- 멧돼지: 산돼지. boar, wild pig.
- 산천: '산(mountain)'과 '내(brook, stream)'라는 뜻으로, 자연을 가리키는 말. 山川. nature.
- 정벌: 적 또는 죄 있는 무리를 무력으로써 침. 征伐. conquest, subjugation.
- 선봉: 맨 앞에 나서서 싸우는 사람. 先鋒. vanguard.
- 으뜸: 많은 것 가운데 가장 뛰어난 것, 또는 첫째가는 것. the best, the top.
- 가상하게 여기다: 착하고 기특하게 생각하다.
- 사위: 딸의 남편. son-in-law.
- 벼슬: 나라의 일을 맡아 다스리는 자리나 직위. government position.
- 총애: 남달리 귀여워하고 사랑함. 寵愛. favor.
- 위엄: 존경받을 만큼 점잖고 엄숙한 태도. 威嚴. dignity.
- 어리석다: 슬기롭지 못하고 둔하다. stupid, silly.
- 출정: 군대에 소속되어 전쟁터에 나감. 出征. go to war.
- 관: 시체를 담는 상자. 棺. coffin.
- 어루만지다: 가볍게 쓰다듬어 만지다. stroke.

연습문제

1. 고씨에게 시집가지 않겠다는 공주에게 평강왕이 화를 낸 이유는 무엇인가?

2. 낙랑의 언덕에서 사냥할 때 왕이 온달을 불러 그 이름을 물어보고 놀란 이유는 무엇인가?

(2) 조선 시대

1392년 이성계는 자신을 따르던 무신들과 고려 말에 새롭게 부상한 지식인 세력인 사대부 계층의 지지를 받아, 고려의 종말을 선언하고 새 나라의 이름을 '조선'으로 명명했다. 조선 왕조가 자리 잡으면서 유교 사상을 바탕으로 한 정치, 법률, 사회 제도, 문화, 관습 등이 갖추어졌다. 이러한 유교 문화와 관습 중 일부는 오늘날의 한국 사회에도 이어지고 있다.

조선 시대는 한국어 문자인 '한글', 즉 '훈민정음'이 만들어진 시기이기도 하다. 조선의 네 번째 임금인 세종대왕은 학술 기관인 집현전의 학사들과 함께 직접 한글을 만들었다. 그때까지는 조선 사람들의 말과 일치하는 문자가 없었다. 그래서 교육을 받은 상층 계급은 중국 문자인 한자를 사용했고, 일반 백성들은 문자 없이 살아야 했다. 세종대왕은 이러한 상황을 안타깝게 여겨 한국말을 그대로 기록할 수 있는 문자를 오랜 기간 연구했다. 그리고 마침내 1443년 훈민정음을 만들어 1446년에 이를 세상에 널리 알렸다. 세종의 업적은 이뿐만이 아니다. 건국 초기였기 때문에 조선은 아직 국가의 시스템을 제대로 갖추지 못했다. 그러다가 세종대왕 때에 이르러 조선의 법이나 음악의 체계를 갖추게 되었다. 또 천민이었던 장영실에게 벼슬을 주어 해시계, 물시계, 측우기, 혼천의 등을 만들도록 함으로써 조선의 과학 기술을 놀라운 수준으로 발전시킨 것도 세종이었다.

나날이 번창하던 조선 왕조는 16세기 말부터 왜란과 호란이라는 시련을 맞게 되었다. 임진왜란(1592~1598)은 도요토미 히데요시의 명령에 따라 일본군이 조선 땅을 침략한 사건이다. 임진왜란 이전에도 일본인들이 조선의 남쪽 해안을 습격하고 약탈하는 일이 많았지만, 대규모 군대로 조선 영토 깊숙이 쳐들어 온 것은 처음 있는 일이었다. 더구나 일본군은 조총이라는 새로운 무기도 갖추고 있었기 때문에, 조선 국토와 백성들이 입은 피해는 상당히 컸다. 그러나 이순신 장군과 같은 명장의 활약, 자신들의 고향을 스스로 지키려고 조선 땅 곳곳에서 자발적으로 일어난 평민 의병들의 용기, 중국 명나라 군대의 협력 등에 힘입어 마침내 일본군을 물리칠 수 있었다.

왜란으로 인한 피해를 다 복구하기도 전에 조선은 청나라와도 전쟁을 치러야 했다. 임진왜란 이후 중국에서는 한족이 세운 명나라가 멸망하고, 만주족이 세운 후금(나중

장영실이 만든 해시계

에 나라 이름을 '청'으로 바꿈)이 들어섰다. 조선에서 평소 만주족을 '오랑캐'라 부르며 무시하자 청나라는 1636년에 조선을 완전히 굴복시키기 위해 전쟁을 일으킨다. 이 사건을 '병자호란'이라고 한다.

짧은 기간 동안 외적의 침입을 수차례 겪은 조선은 서서히 국력이 약해졌다. 또 조선 사회를 유지해 온 성리학적 신분 질서도 흔들렸다. 당파 싸움이 심해지고, 관료들의 부패 문제도 심각해졌다. 물론 영조와 정조가 다스리던 시기에는 나라의 기강이 바로잡히고 문물과 제도가 더욱 발전하였다. 그러나 정조의 죽음 이후 조선은 왕의 외척인 안동 김씨를 비롯한 기득권 세력에 의해 휘둘리다가 외세의 침입에 시달리며 국력이 더욱 약해지게 되었다.

- 명명하다: 이름을 붙이다. 命名하다. name.
- 천민: 신분이 낮은 백성. 賤民. the lower class.
- 조총: 노끈에 불을 붙여 탄환을 발사하도록 만든 구식 총. 鳥銃. a matchlock.
- 당파 싸움: 사상이나 주장, 이해를 같이하는 단체들 간의 싸움. 黨派 싸움. a partisan bickering.
- 부패: 정치나 의식 따위가 올바르지 못함. 腐敗. curruption.
- 기득권: 이미 차지한 권력. 旣得權. power group.

2) 일제강점기와 한국전쟁

고종이 다스리던 조선 왕조 말기에 조선은 중국, 일본, 러시아, 미국 등 외국 세력의 간섭을 겪었다. 처음에는 서양식 근대화를 요구하는 외세에 폐쇄적인 정책으로 대응했다. 그러나 곧 '대한제국'으로 이름을 바꾸고 국가의 제도를 개혁하는 등 조선은 근대화와 개방의 길을 걷게 되었다. 이러한 노력에도 불구하고 조선은 1910년에 일본에 강제로 점령당하고 말았다. 그로부터 36년 동안, 조선은 일본 제국주의의 식민지가 되어 수난을 겪었다.

하지만 조선인들은 일본의 식민지 통치에 끈질기게 저항하며 독립을 열망했다. 1919년 3월 1일, 남녀노소 할 것 없이 전국에서 동시에 조선 독립선언서를 배포하고 독립을 외치는 대규모 시위가 벌어졌다. 이것이 3·1운동이다. 3·1운동은 비폭력 만세 운동이며, 세계적으로도 손꼽히는 대규모 독립운동이었다. 일제는 이를 무자비하게 탄압하여 많은 조선 사람들이 목숨을 잃거나 감옥에 갇혔다. 당시 독립운동을 한 한용운, 유관순 같은 분들은 서대문형무소에서 옥고를 치르기도 하였다.

독립운동가들이 수감되었던 서대문형무소

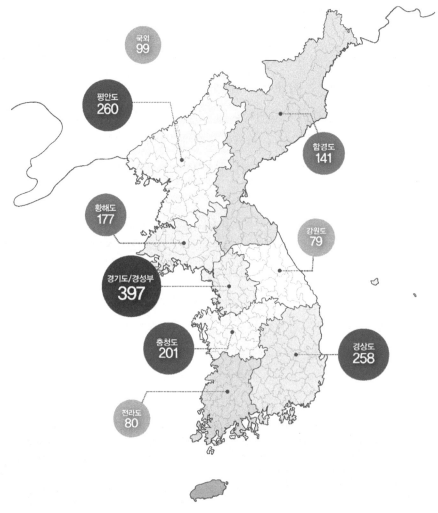

국외
99

평안도
260

함경도
141

황해도
177

강원도
79

경기도/경성부
397

충청도
201

경상도
258

전라도
80

3·1 운동의 봉기 건수

3·1운동 이후, 조직적인 독립운동의 필요성을 느낀 독립운동가들을 중심으로 중국 상해에 '대한민국임시정부'가 수립되었고, 이를 중심으로 만주, 간도, 중국, 미국 등해외에서도 독립을 위한 투쟁이 끈질기게 계속되었다. 대한민국임시정부는 오늘날 대한민국 정부의 기반이 되는 조직이라 할 수 있다.

1930년대부터 일본이 아시아 지역에 대한 식민 지배 야심을 강하게 드러내면서, 일제의 한반도 수탈이 본격적으로 시작되었다. 1940년대 '대동아공영권'을 내세운 일본이 제2차 세계대전에 본격적으로 뛰어들면서, 식민지 조선은 식량, 자원 및 물자의 수

탈뿐만 아니라 강제 징병, 징용과 같은 인적 수탈까지도 혹독하게 겪어야 했다. 특히 '정신대', '위안부'라는 명칭으로 조선 여성들을 강제 동원하여 일본 병사들의 성 노예로 일하도록 강요한 것은 이 시기 일제의 식민 통치가 남긴 가장 참혹한 상처이다.

마침내 1945년, 제2차 세계대전에서 패한 일본은 무조건항복을 선언, 지배하던 모든 식민지에 대한 권리를 포기하였고, 조선은 해방을 맞을 수 있었다. 그러나 해방 후 한반도 주변 강대국들의 간섭과 세력 다툼 속에서, 조선은 북위 38도선을 기준으로 남쪽은 미국, 북쪽은 소련의 관리를 받는 처지가 되었다. 1948년에는 남쪽과 북쪽에 각각 '대한민국'과 '조선민주주의인민공화국'이라는 두 개의 정부가 수립되어, 분단된 한반도의 갈등은 점점 심화되었다.

이 갈등은 한국전쟁, 일명 '6·25 전쟁'으로 폭발하게 된다. 1950년 6월 25일, 북한군은 38선(38도선) 전역에서 남한을 침략했고, 이를 막기 위해 미군을 중심으로 한 UN군이 참전하였다. 그러나 북한을 지원하는 대규모 중공군이 가세함으로써, 1953년 7월 27일 휴전 협정이 맺어질 때까지 3년간 한반도는 같은 민족 간의 전쟁으로 상처를 입었다. 아직도 한반도는 전쟁이 일시적으로 중단된 휴전 상태로, 분단과 갈등은 계속되고 있다.

일제 식민지 시절에 많은 조선인들이 한반도 밖으로 옮겨 살아야 했다. 일본 제국주의에 저항하는 독립운동을 하다가 일본 경찰에 쫓겨 중국이나 러시아로 망명하기도 하였다. 또 가난과 굶주림 때문에 고향을 버리고 만주나 간도 지방으로 떠나야 했던 사람도 있었다. 가장 억울한 사람들은 제2차 세계대전 중 일본군에 의해 강제로 끌려간 이들이었다. 군대에 끌려가 일본군이 되어 전쟁터로 가게 되거나, 일본의 탄광이나 무기 공장에서 강제 노동을 하게 된 사람들도 있었고, 태평양 지역 여러 곳에 주둔하고 있던 일본군들의 성 노예 역할을 강요받은 사람들도 있었다.

1945년 조선이 식민지 상태에서 해방된 뒤에도 그렇게 떠나간 조선인들의 상당수는 쉽게 돌아올 수 없었다. 지금도 그 후손들이 아시아 곳곳에 흩어져 살고 있으며, 이들은 아직도 조선의 언어나 문화, 풍습을 간직하고 있다. 중국의 조선족, 일본의 재일 조선인, 러시아와 중앙아시아 지역에 흩어져 살고 있는 고려인 등이 바로 그들이다. 분단된 민족의 평화적 통일뿐만 아니라 식민 통치의 불행한 과거로 인해 지금까지도 치유되지 못한 채 남아 있는 민족적 상처를 극복하는 일 또한 오늘날 한국이 안고 있는 역사적 과제이다.

- 폐쇄적: 외부와 통하거나 교류하지 않는 것. 閉鎖的. exclusive.

- 무자비하다: 인정이 없이 냉혹하고 모질다. 無慈悲하다. cruel.

- 탄압하다: 권력이나 무력 따위로 억지로 눌러 꼼짝 못 하게 하다. 彈壓하다. suppress.

- 옥고: 감옥에 갇혀서 겪는 고생. 獄苦. the hardship of prison life.

- 야심: 욕망이나 소망. 野心. aspiration.

- 수탈: 강제로 빼앗음. 收奪. exploitation.

- 대동아공영권: 일본을 중심으로 함께 번영할 동아시아의 여러 민족과 지역 범위. 태평양 전쟁 당시 일본이 아시아 대륙에 대한 침략을 합리화하기 위하여 내건 정치 표어. 大東亞共榮圈. the Greater East Asia Co-Prosperity Sphere.

- 중공군: 중국 공산당에 딸린 군대. 中共軍. Chinese Reds.

- 망명: 정치적인 이유 때문에 외국으로 몸을 피함. 亡命. asylum.

- 탄광: 석탄을 캐내는 광산. 炭鑛. coal mine.

- 주둔하다: 군대가 임무 수행을 위해 일정한 곳에 머물다. 駐屯하다. station.

3) 한강의 기적과 민주주의를 향한 열망

3년간 지속되었던 한국전쟁은 한반도에 큰 상처를 남겼다. 일본 제국주의 식민지에서 해방된 기쁨을 충분히 누리기도 전에, 한반도는 같은 민족끼리 벌인 전쟁으로 황폐해졌다. 수백만 명이 죽거나 다치고, 대부분의 산업 시설이 파괴되어 엄청난 피해를 겪었다. 무엇보다도 한반도가 남한과 북한으로 분단되면서 가족과 헤어지는 고통을 겪는 사람도 많아졌다.

한국전쟁 이후 한국인들은 경제성장과 민주주의 정착을 목표로 끊임없이 노력하였다. 1960년대부터 경제개발 계획을 단계적으로 추진하여, 마침내 '한강의 기적' (The Miracle on the Han River)이라 불릴 정도의 빠른 성장과 근대화를 이루어냈다. 물론 이 산업화, 도시화의 이면에는 도시와 농촌 간의 불균형, 노동자들에 대한 부당한 대우, 빈부 격차의 심화, 환경 파괴 등 큰 대가와 희생이 있었다. 그리고 경제대국의 꿈을 꾸며 세계화를 추진하던 중, 1997년에 외환 위기를 맞으면서 한국 경제는 거의 파산 상태에 이른다. 대기업 중심의 경제 구조, 정경유착과 부실한 기업 경영 등으로 인해 대기업들이 연달아 부도 사태를 겪었고 한국의 달러 보유고가 바닥남에 따라 국제통화기금(IMF)의 관리 대상에 들어갔다. 이후 4년 만인 2001년에 한국은 외환 위기에서 벗어날 수 있었다. 이것은 '금 모으기 운동' 등 온 국민이 합심하여 필사적으로 노력한 덕분이었다.

한국 사회에 민주주의를 정착시키는 과정도 결코 쉽지는 않았다. 이승만 정권이 1948년부터 1960년까지 불법적인 개헌을 통해 장기 독재 집권을 꾀하고 부정부패를 저지르자, 시민들은 1960년 4월 19일에 4·19 혁명으로 이에 저항하였다. 그러나 민주화에 대한 이 열망은 이듬해 5월 16일, 박정희를 중심으로 한 군부 세력의 쿠데타로 꺾일 위기를 맞게 된다. 이 군부 세력은 헌법 개정을 통해 유신 체제를 수립하고, 이후로 20년 가까이 독재 정권으로 군림하며 민주화에 대한 요구를 탄압하였다. 1979년 12월 박정희의 갑작스러운 사망으로 장기 독재 정권은 몰락하였다. 그러나 그 뒤를 이은 세력 또한 전두환을 중심으로 한 신군부 세력이었다. 1980년 5월, 오랫동안 축적되어 온 민주화에 대한 열망이 거세게 분출하였고(5·18 광주 민주화 운동), 이후로 1987년 6월 민주항쟁을 거치면서 마침내 한국 사회는 민주주의 사회로 나아가기 시작했다.

한국인들은 그 누구보다도 민주주의에 대한 열망과 의지가 강한 사람들이다. 4·19 혁명, 5·18 광주 민주화 운동, 1987년 6월 항쟁을 지탱해온 민주주의 정신은 2017년 민주주의 회복을 위해 광화문 광장에 모여든 촛불들로 계승되었다.

- 파산: 재산을 모두 잃고 망함. 破産. bankruptcy.
- 정경유착: 정치인과 기업가 사이에 이루어지는 부도덕한 밀착 관계. 政經癒着. a back-scratching alliance of government and businesses.
- 군림하다: 절대적인 세력으로 남을 압도하다. 君臨하다. dominate.

6. 한국의 언어와 문학

1) 세종대왕의 한글 창제

한국인들이 가장 존경하는 역사적 인물로 세종대왕이 자주 언급된다. 세종대왕은 조선 왕조(1392~1910)의 제4대 왕이다. 세종대왕은 문화, 정치, 경제, 외교, 국방 등 여러 방면에서 찬란한 업적들을 이루어, 세종대왕 시기는 실로 한국 역사의 황금기라고 불릴 만하다.

세종대왕이 왕위에 오른 15세기 전반까지 한국에는 고유의 문자가 없었다. 그래서 한국인들은 중국의 문자인 한자로 문자 생활을 하였다. 그런데 한자는 배우기가 어려워서 글을 모르는 사람이 많았다. 이를 안타깝게 여긴 세종대왕은 '백성을 가르치는 바른 소리'라는 뜻의 문자 체계인 '훈민정음'을 만들었다. 이 '훈민정음'은 오늘날 '한글'이라고 일컬어진다.

훈민정음이 만들어진 후, 비로소 일반 사람들의 문자 생활이 가능하게 되었다. 특히 그동안 거의 문자 생활을 하지 못하던 여성들은 한글로 편지를 쓸 수 있게 되었다. 또 한글로 된 시조나 가사 문학이 등장하고 '홍길동전'이나 '구운몽'과 같은 한글 소설이 지어져 한국인들이 한국 문자로 문화생활을 하게 되었다. 이렇게 한글은 한국인에게 생활의 일부가 되어갔다. 이러한 한글 덕분에 한국인들은 일본 식민지 시기에도 한국 문화를 지킬 수 있었다.

오늘날에는 훈민정음이 만들어진 원리와 사용법이 기록된 책인『세종어제 훈민정음』이 유네스코의 세계기록문화유산으로 등록되어 있다. 그리고 유네스코에서는 '세종상'을 제정하여, 세계적으로 문맹 퇴치에 공이 큰 사람에게 이 상을 주고 있다. 지금

한국의 만 원짜리 지폐에는 세종대왕의 초상이 나오고, 서울에는 '세종로', '세종문화회관' 등 '세종'이라는 이름이 붙은 거리, 문화회관 등이 있다. 2012년에 만들어져 대부분의 정부기관이 들어서 있는 '세종특별자치시'도 그 이름을 세종대왕에서 따 왔다. 이와 같이 500여 년이 지난 오늘날까지 세종대왕은 한국인에게 위대한 왕으로 존경을 받아 왔으며, 앞으로도 '세종'이란 이름은 한국의 문자인 한글과 함께 한국인의 생활 속에 크게 자리 잡고 있을 것이다.

- 고유: 본래부터 가지고 있었던 것. 固有. inherence.
- 문맹: 배우지 못하여 글을 읽거나 쓸 줄 모름. 文盲. illiteracy.
- 퇴치: 물리쳐서 아주 없애 버림. 退治. eradication.

연습문제

1. 세종대왕이 어떤 인물인지 아래 정보를 찾아 보자.
   1) 시대
   2) 업적

2. '훈민정음'이 무엇인지 말해 보자.

3. 훈민정음이 만들어진 후 일반 사람들의 생활에 일어난 변화를 찾아 써 보자.

4. 아래에서 맞는 것에는 ○표, 틀린 것에는 ×표 하시오.
   1) 훈민정음이 만들어지기 전 일반 사람들은 문자 생활을 하지 못했다. (   )
   2) '한글'이라는 이름은 나중에 '훈민정음'으로 바뀌었다. (   )
   3) '세종어제 훈민정음'은 유네스코 세계기록문화유산으로 등재되어 있다. (   )

2) 한국의 한자어

(1) 한국어의 어휘

한국어를 공부하면서 겪는 큰 어려움 중 하나는 바로 어휘이다. 한국어에 발달되어 있는 다채로운 형용사들의 미묘한 차이를 익히는 게 쉽지는 않다. 가령 '검다'는 영어로 black, dark, swarthy 등 몇몇 단어로 표현하지만 한국어에는 '검다'와 유사한, 그러면서도 느낌이나 의미가 미묘하게 다른 단어가 무수히 많다. 꺼멓다, 거무튀튀하다, 거무스름하다, 거무스레하다, 거무죽죽하다, 거무뎅뎅하다, 시커멓다, 새카맣다, 까맣다, 까무잡잡하다 등처럼 말이다. 여기에 다른 색깔까지 곁들여지면 더 복잡해진다.

한국어를 배우는 사람에게는 이러한 형용사 외에도 한국어 어휘의 대다수를 차지하는 한자어도 골칫거리다. 물론 간단한 한국어만 공부하려고 하면 한자를 몰라도 별 문제는 없다. 그러나 한국에서 제대로 공부를 하고 한국을 깊이 있게 이해하려면 한자와 한자어를 아는 것이 좋다. 대학의 전공 교재에 쓰이는 어휘는, 학문 영역별로 차이가 있지만 대체로 90% 이상이 한자어이다.

(2) 한자어 공부의 필요성

영어를 예로 들자면, 'star', 'water'와 같은 단어는 어릴 때 배우는 쉬운 단어이다. 그런데 고급 영어를 쓰는 사람들이 '별'이나 '물'에 관련된 이야기를 할 때 이런 단어를 쓸까? 아마 그들은 'astro-', 'aqua-'로 시작되는 다양한 단어들을 쓸 것이다. 이 'astro-', 'aqua-'가 한국어에서의 한자어인 셈이다. 한국에서 잠깐 지낸다면 'star', 'water' 수준의 단어를 아는 것만으로도 충분하다. 하지만 한국의 대학에서 공부를 하려면 더 높은 수준의 풍부한 단어를 알지 않으면 안 된다. '별', '물'이라는 단어를 아는 것만으로는 대학에서 공부하는 데 적잖은 문제가 발생한다는 것이다.

별과 관련된 다양한 단어들, 이를테면 성운(星雲, nebulae), 성좌(星座, constellation), 위성(衛星, satellite), 행성(行星, planet), 혜성(彗星, comet)과 같은 단어들은 '별'

만 안다고 해서 구사할 수 있는 게 아니다. 한국어에서 '별'을 뜻하는 한자어가 '성(星)'이라는 것을 알아야 한다. 물과 관련된 단어들도 마찬가지다. 수분(水分, moisture), 수질(水質, water quality), 수성(水性, water base), 수력(水力, water power), 수위(水位, water level), 홍수(洪水, flood) 등의 단어들은 '물'이라는 말로 각각을 풀어 설명할 수 있을지 몰라도 그 과정이 너무나 번거롭고 비효율적이다. 한자어 '수(水)'가 '물'의 뜻임을 안다면 훨씬 효율적으로 어휘를 익힐 수 있다.

(3) 한국어에 한자어가 많은 이유

한국어에는 왜 이렇게 한자어가 많을까. 그 배경을 알고 나면 이는 전혀 이상할 것이 없다. 역사의 시대를 구분할 때 보통 원시시대-고대-중세-근대와 같은 순서로 구분한다. 고대 이전에는 역사 기록이 드물다. 그러므로 문자 생활을 활발히 한 인류의 역사는 중세부터 시작되었다고 해도 무방하다. 중세는 대개 기원전후로부터 20세기 초반까지, 2000년 가까이 이어졌다.

중세에는 세계에 4대 문명권이 있었다. 당나라를 중심으로 한 한문 문명권, 굽타 제국을 중심으로 한 산스크리트어 문명권, 압바시드 제국을 중심으로 한 이슬람어 문명권, 샤를마뉴 제국을 중심으로 한 라틴어 문명권이 그것이다. 각 문명권마다 한문, 산스크리트어, 이슬람어, 라틴어와 같은 문명권의 공동 문어(文語, written language)가 있었다. 한국은 그중 한문 문명권에 속해 있었다. 말은 중국과 달라도 글은 중국의 것을 가져다 썼던 것이다. 그러니 한자 어휘가 한국어에 얼마나 큰 영향을 미쳤겠는가. 한국만 이런 것이 아니다. 유럽의 모든 나라도 마찬가지고, 인도나 중동 국가들도 예외 없이 2000년 가까이 라틴어, 산스크리트어, 이슬람어를 사용했다.

(4) 한자어 공부하는 법

한자어를 잘 이해하기 위해서는 최소한의 필수 한자를 어느 정도 아는 것이 좋다. 한자의 총 글자 수는 80,000자가 넘지만 그 많은 한자를 다 알 필요는 없다. 한자가 만들어지는 원리가 있으니, 그것을 익히면 된다. 한자가 만들어지는 원리 네 가지와 만들어진 한자를 운용(활용)하는 원리 두 가지, 이 여섯 가지만 알면 수많은 한자를 훨씬 쉽게 익힐 수 있다.

한자를 만드는 네 가지 원리는 상형(象形), 지사(指事), 회의(會意), 형성(形聲)이다. 상형은 사물의 모양을 본떠 글자를 만드는 원리다. 日과 川 같은 글자가 이 원리에 의해 만들어졌다. 지사는 사물이나 현상, 개념을 활용해 만드는 원리이다. 一, 二, 上, 下 와 같은 글자가 이 원리로 만들어졌다. 회의는 서로 다른 뜻을 가진 둘 이상의 한자가 모여 새로운 뜻의 글자를 만드는 원리이다. 明이나 休가 이에 해당한다. 이 세 가지 원리도 알아두면 좋지만, 네 번째 원리인 형성이 특히 중요하다. 형성은 글자의 일부분이 뜻[形]을 나타내고, 나머지 부분이 음[聲]을 나타내는 원리다. 기본적인 몇백 글자의 한자를 알고 있다면 형성의 원리만 알아도 처음 보는 글자의 음과 뜻을 알아맞히기가 어렵지 않다. 指, 淸 등 한자의 대부분이 이 원리에 의해 만들어졌다.

만들어진 한자를 활용(운용)하는 원리 두 가지는 전주(轉注)와 가차(假借)다. 전주는 이미 있는 한자의 뜻을 바꾸어 쓰는 원리이다(드물게 음을 바꾸어 쓰기도 한다). 老, 樂 등이 그 예이다. 가차는 새로운 사물에 이름을 붙이기 위해 한자를 임시로[假] 빌려다[借] 쓰는 원리이다. 코카콜라는 뜻하는 可口可樂이나 아시아를 뜻하는 亞細亞 등이 그 예이다.

앞서 강조하였듯이 이 여섯 가지 원리 가운데 가장 중요한 원리가 바로 '형성'이다. 가령 淸, 請, 晴이라는 글자들을 처음 봤다고 하자. 氵(水), 日, 言, 靑 등 간단한 한자를 알고 있다면 처음 본 이 글자들의 음과 뜻을 어렵지 않게 추측할 수 있다. 이때 일반적으로 부수에 해당하는 부분이 뜻을 나타내고 나머지 부분이 음을 나타낸다. 그럼 '부수'란 무엇인가. 8만 자가 넘는 한자는 214개의 그룹으로 묶을 수 있는데, 각 그룹을 대표하는 한자가 바로 '부수'이다. 예를 들어 明·晴·曠·暖 등의 한자는 같은 그룹에 속해 있는데, '日'이 이 그룹을 대표하는 한자, 즉 부수가 된다.

기본적인 한자들, 그리고 한자가 만들어지고 운용되는 원리를 알았다면 이제 한자어를 공부할 차례다. 생활하면서, 혹은 공부하면서 모르는 단어가 나오면 그 단어가 어떤 한자로 구성되어 있는가를 확인하는 습관이 필요하다. 아울러 보다 효율적으로 한자어를 익히기 위해 조어력(造語力)이 높은 다음 한자들을 익혀두는 것도 큰 도움이 될 것이다.

大, 學, 人, 生, 化, 國, 業, 行, 日, 出, 事, 物, 用, 氣, 發, 地, 理, 場, 中, 一, 感, 問, 心,
金, 分, 實, 定, 會, 文, 書, 自, 體, 動, 無, 時, 食, 便, 教, 外, 家, 期, 別, 不, 性, 水, 子, 面,
民, 入, 品, 告, 力, 相, 成, 所, 語, 機, 本, 者, 電, 數, 料, 下, 公, 年, 部, 的, 特

이 한자들은 한국의 여러 대학에서 사용되고 있는 한국어 교재에 공통적으로 자주 등장하는 어휘에서 뽑은 것들이다. 기본적으로 이 68개의 한자들을 익혀둔다면 수백, 수천 개의 단어를 만들어 쓸 수 있다.

한자, 한자어 공부 방법을 보다 구체적으로 묻는다면 다음과 같은 몇 가지 방법을 제시할 수 있다. ① 단어의 독음 읽기 → ② 낱낱의 한자 훈(뜻)과 음 읽기 → ③ 한자 쓰기의 단계로 공부하는 것이 좋다. 한국어를 처음 배우는 사람이 ③의 단계에까지 이르는 일은 거의 없다. 이는 한국인도 크게 다르지 않다. 처음부터 목표를 거창하게 잡지 말라는 것이다. ②의 단계까지 충분히 학습하는 것만 해도 벅찬 일이다. 일상생활에서 쓰는 한자어가 어떤 한자로 구성되어 있는지 수시로 확인하고 한자로 제시된 한자어를 읽을 줄 아는 것이 첫 번째 단계이다. 그 다음은 그렇게 확인한 한자어를 구성하고 있는 한자들 개개의 뜻을 익히는 것이다. 다소 막연할 것 같아 구체적인 방법 몇 가지를 예로 들면 다음과 같다.

① 일상생활에서 쉽게 접할 수 있는 한자어들, 가령 지하철역 이름만 해도 대부분 한자로 만들어졌으니 지하철을 탈 때 노선도를 보고 한자 공부를 할 수도 있다.
② 새로운 한자, 한자어를 익히려고만 하지 말고 이미 알고 있는 어휘가 한자어인지 아닌지, 한자어라면 어떤 한자로 이루어져 있는지 확인하는 것이 좋다.
③ 날마다 특정 주제를 정하여 그에 관련된 한자어들을 공부한다. 예를 들어 '날씨' 관련 한자들과 그 한자로 만들어진 단어들을 공부하는 것이다. 日, 月, 晴, 陰, 寒 등과 같은 글자들을 먼저 익히고, 이 글자들이 포함된 단어로 日出, 半月, 快晴, 陰曆, 寒氣와 같은 단어들을 공부하다 보면 금세 수준 높은 한자어를 구사할 수 있을 것이다.

(5) 사자성어

사자성어는 네 글자의 한자로 된 성어(成語, idiom)이다. 한국인들은 사자성어 쓰기를 좋아한다. 만약 당신이 한국인과 대화를 하는 중에 사자성어를 쓰면 상대방은 감탄하게 될 것이다. 한국어에 한자어가 많은 이유와 마찬가지로 한국은 오랫동안 중국과 문화를 공유하였기 때문에 한국에서도 사자성어를 많이 쓰는 것이다. 사자성어의 예로 '유유상종', '일석이조'와 같은 말을 들 수 있다.

자신이 한국인이 아니라면, 한국인을 놀라게 하는 방법으로 사자성어를 쓰는 것과 함께 '속담'을 쓰는 것도 효과적이다. '열 번 찍어 안 넘어가는 나무 없다', '낮말은 새가 듣고 밤말은 쥐가 듣는다'와 같은 것이 속담의 예이다.

- 다채롭다: 여러 가지 색채나 형태, 종류 따위가 한데 어울리어 호화스럽다. 多彩롭다. various.
- 유사하다: 비슷하다. 類似하다. similar.
- 미묘하다: 뚜렷하지 않아서 말로 분명히 표현하기 어렵다. 微妙하다. subtle.
- 곁들이다: 주된 것에 다른 것을 더해 어울리게 하다. add.
- 운용: 무엇을 움직이게 하거나 활용하여 씀. 運用. operation.
- 거창하다: 일의 규모나 형태가 매우 크고 넓다. 巨創하다. grandiose.
- 조어력: 말을 만드는 힘. 造語力. power of coinage.
- 구사하다: 말 등을 능숙하게 마음대로 쓰다. 驅使하다. have a command of.
- 속담: 예로부터 민간에 전하여 오는 쉬운 격언이나 잠언. 俗談. proverb.
- 유유상종: 같은 무리끼리 서로 사귐. 類類相從. Birds of feather flock together.
- 일석이조: 돌 한 개를 던져 새 두 마리를 잡는다는 뜻으로, 동시에 두 가지 이득을 봄을 이르는 말. 一石二鳥. Kill two birds with one stone.

1. 다음 사자성어의 뜻을 조사해 보자.

> 감언이설 거두절미 결초보은 고진감래 과유불급 괄목상대 근무자흑 금의환향
> 난형난제 다다익선 대기만성 동상이몽 두문불출 명불허전 맹모삼천 목불식정
> 미인박명 사면초가 삼고초려 새옹지마 수수방관 아전인수 오리무중 오월동주
> 온고지신 와신상담 일사천리 자포자기 적반하장 조강지처 조삼모사 주마간산
> 죽마고우 천재일우 침소봉대 학수고대 호가호위 호사다마 화룡점정 회자정리

2. 위 사자성어 중 다섯 개를 골라 각각의 성어를 활용해 문장을 만들어 보자.
   1) 성어: 문장:
   2) 성어: 문장:
   3) 성어: 문장:
   4) 성어: 문장:
   5) 성어: 문장:

3. 다음 속담의 뜻을 조사해 보고 어떤 상황에서 이 속담을 쓸 수 있는지 말해 보자.
   1) 등잔 밑이 어둡다.
   2) 소 잃고 외양간 고친다.
   3) 바늘 도둑이 소도둑 된다.
   4) 구더기 무서워 장 못 담글까.
   5) 물에 빠진 놈 건져 놓으니까 내 봇짐 내라 한다.
   6) 열 길 물속은 알아도 한 길 사람의 속은 모른다.
   7) 고슴도치도 제 새끼가 제일 곱다고 한다.

4. 자신의 나라에서 자주 쓰이는 대표적인 속담을 소개해 보자.

3) 한국의 사투리

지역에 따라 언어의 모습이 달라지는 것은 세계 어느 나라에서나 마찬가지이다. 한국에도 각 지역마다 구수하고 재미있는 사투리, 즉 방언이 있다. 한국의 방언은 크게 동남방언(경상도), 서남방언(전라도), 중부방언(경기·강원·충청), 제주방언, 동북방언(함경도), 서북방언(평안도)의 여섯으로 나뉜다.

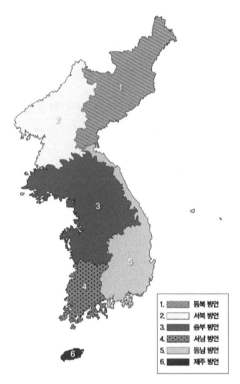

한국의 방언 지도

1. 이거이 무스겜둥?	2. 이어이 뭐네?
3. 이게 뭐니?	4. 요것이 뭐당가?
5. 이기 뭐꼬?	6. 이게 뭐깡?

위의 문장들은 모두 지역에 따라 다르게 표현되는 한국어의 방언을 적은 것이다. 한국어라고 하면 흔히 한국의 표준어를 가리킨다. 한국에서는 1989년에 '교양 있는 사람

들이 두루 쓰는 현대 서울말'을 표준어로 규정하였다. 그런데 언어는 시대에 따라 변화하므로, 새롭게 사용되는 말이나 고어(옛말) 가운데 다시 쓰이는 말들을 대상으로 심사를 거쳐 표준어의 자격을 부여하기도 한다. 다른 나라에서는 대개 권위 있는 사전에 올라 있는 어휘들이 그 나라의 표준 어휘로 인정되는 데 반해, 한국은 국가기관인 국립국어원이 표준어를 결정한다는 점이 특이하다. 위에서 보인 여러 문장들은 모두 영어 "What is this?"와 같은 뜻의 방언들인데 이 중에서는 서울말인 '이게 뭐니?'만 표준어로 인정된다.

표준어를 사용하면 국민들은 더 강한 일체감을 느끼게 되므로 한국은 정책적으로 표준어 사용을 장려해 왔다. 또 텔레비전, 라디오, 인터넷의 영향력이 커지면서 오늘날에는 사람들의 말투에서 지역 방언의 특징을 찾기가 점점 어려워지고 있다. 과거에는 지역색을 드러낸다는 이유에서 방언을 쓰는 일을 부끄럽게 생각하였지만, 요즘에는 방언의 가치가 재평가되고 있다. 영화나 드라마, 소설 속의 인물이나 예능 출연자가 사투리를 쓰면 관객이나 독자들은 그 지역의 정취를 생생하게 느낄 수 있다. 특히 외국인이 한국어 방언을 쓰면 한국인들은 이를 매우 흥미롭게 생각한다. 이는 다른 나라에서도 마찬가지이다. 외국인이 자신의 나라 방언을 쓰는 것은 어느 나라에서든 흥미를 끌 만한 일이다.

- 교양: 학문, 지식, 사회생활을 바탕으로 이루어지는 품위. 또는 문화에 대한 폭넓은 지식. 敎養. sophistication.
- 표준어: 한 나라에서 공용어로 쓰는 규범으로서의 언어. 標準語. standard language.
- 고어: 옛날의 말. 古語. archaism.
- 일체감: 남과 어우러져 하나로 되는 감정. 一體感. sense of unity.
- 정책적: 정치적 목적을 실현하는 것에 관계되는 것. 政策的. policy.
- 장려하다: 좋은 일에 힘쓰도록 북돋아 주다. 獎勵하다. encourage.
- 지역색: 어떠한 지역의 특색. 地域色. local character.
- 재평가되다: 다시 평가되다. 再評價되다. be reevaluated.
- 정취: 깊은 정서를 자아내는 흥취. 情趣. taste.
- 일조하다: 얼마간의 도움이 되다. 一助하다. contribute.

4) 신조어와 줄임말

예전에도 신조어와 줄임말이 있었지만, 2000년대 후반 스마트폰이 보급되면서 신조어와 줄임말이 더욱 많이 쓰이게 되었다. 이는 한국에서뿐만 아니라 어느 나라에서든 보편적으로 확인할 수 있는 특징이다. 스마트폰의 메신저를 이용하면서 빠른 의사소통을 위해 사람들은 조금 더 새로우면서도 짧은 말을 고안하게 된 것이다.

전부터 쓰던 말을 줄여서 쓰게 되면 사람들은 그 말을 줄임말이면서도 새로 만든 말이라 생각한다. 즉 신조어 중에는 줄임말이 특히 많다고 할 수 있다. 그러나 그중 오래 살아남는 신조어나 줄임말은 그리 많지 않다. 여기서는 한국에서 제법 오래 사용하고 있는 신조어(줄임말)를 몇 가지 살펴보도록 하자.

> 갑분싸: 갑자기 분위기가 싸해지다.
> 갑툭튀: 갑자기 툭 튀어나오다.
> 복세편살: 복잡한 세상 편하게 살자.
> 아아: 아이스 아메리카노
> 자만추: 자연스러운 만남을 추구하다.
> 할말하않: 할 말은 많지만 하지 않겠다.

이러한 줄임말은 매우 빠른 속도로 나타났다가 사라진다. 한국의 친구들과 의사소통을 할 때 줄임말을 알면 좋기는 하지만 유행이 지난 줄임말을 쓰면 그야말로 '갑분싸'하게 되니 조심할 필요가 있다.

- 신조어: 새로 생긴 말. 新造語. neologism.
- 보급되다: 널리 퍼져서 많은 사람들에게 골고루 미치게 되어 누리게 되다. 普及되다. be popularized.
- 고안하다: 연구하여 새로운 방법을 생각해 내다. 考案하다. devise.
- 싸해지다: 기대했던 것과 다르게 어색해지다. spoil the mood or atmosphere.

다음 줄임말의 의미를 조사해 보고, 이 줄임말을 활용하여 문장을 만들어 보자.

1) 깜놀
2) 방콕
3) 혼밥
4) 열공
5) 완소

5) 한국의 옛이야기

한 나라의 언어와 문학에는 그 나라 사람들의 생활 습관이나 사고방식이 담겨 있다. 한국의 문화와 한국인의 사고방식을 깊이 있게 알기 위해서는 한국의 문학 작품, 특히 한국에서 오랫동안 사람들 사이에 전해져 내려온 옛날이야기를 읽어 보는 것이 좋다. 이 옛날이야기들은 분량이 짧으면서도 한국인의 생활 습관이나 사고방식을 잘 보여 준다.

(1) 고려장 이야기

고려 시대에는 사람이 나이가 들어 일흔 살이 되면 고려장을 하였다. 어느 마을에 효성이 지극한 아들이 있었는데, 어머니가 일흔 살이 되었다. 어느 날 아들은 어머니를 지게에 지고 산속으로 들어가며 말했다.

"어머니, 오늘은 날이 좋으니 경치 좋은 곳으로 놀러 가요."

그러나 아들은 속으로 울음을 삼킬 수밖에 없었고 어머니 또한 그날이 자신이 버려지는 날임을 알고 있었다.

아들이 어머니를 지게에 지고 산속으로 들어가는데 지게 위의 어머니가 이따금 나뭇가지를 꺾었다. 아들은 영문을 몰랐지만 어머니를 산속에 두고 와야 한다는 사실에 억장이 무너져 아무 말도 할 수 없었다.

마침내 깊은 산속으로 들어간 아들은 어머니를 내려놓고 이렇게 말했다.

"어머니, 끼니 때가 되었으니 금방 집에 가서 밥을 가져올게요."

그러자 어머니가 말했다.

"그래, 조심히 다녀오너라. 가다가 길을 못 찾겠거든 내가 나뭇가지를 꺾어놓았으니 그걸 보고 내려가거라."

아들은 그 말을 듣고 참고 있던 울음을 터뜨리며 어머니를 모시고 집으로 돌아갔다. 마침내 그 일이 알려져 감동한 왕이 고려장을 없앴다.

- 고려장: 예전에, 늙고 쇠약한 사람을 구덩이 속에 산 채로 버려 두었다가 죽은 뒤에 장사 지냈다는 일. 高麗葬. ancient burial practice whereby an elderly is left to die in an open tomb.
- 효성: 마음을 다하여 부모를 섬기는 정성. 孝誠. confucianist virtue of respect for parents.
- 삼키다: 소리, 눈물 등을 억지로 참다. repress.
- 지게: 짐을 얹어 사람이 등에 지는 한국 고유의 운반 기구. a carrying rack.
- 영문: 일이 돌아가는 형편이나 그 까닭. a motive.
- 억장이 무너지다: 극심한 슬픔이나 절망 따위로 몹시 가슴이 아프고 괴롭다. heartbroken.
- 끼니: 아침, 점심, 저녁과 같이 날마다 일정한 시간에 먹는 밥. 또는 그렇게 먹는 일. a meal.

유교 문화의 영향으로 한국에서는 나이 든 사람을 공경하는 풍습이 있다. 오늘날에도 버스나 지하철에서 나이 든 사람이 있으면 젊은 사람이 자리를 양보하는 광경을 자주 목격할 수 있다. 한국에서 '효도' 혹은 '효성'이라 하면 자신의 부모에 대해서만 갖는 마음가짐이 아니라 다른 나이 많은 사람을 우대해 주는 것까지 포함한다.

고려장 이야기는 여러 형태로 전한다. 위에 제시한 것 외에도 다음과 같은 이야기가 있다. 한 아들이 일흔 살 된 자신의 아버지를 버리려고 아버지를 지게에 지고 산속에 들어갔다. 그러고는 아버지를 두고 내려가려 하자 그의 어린 아들이 그 지게를 다시 지고 왔다. 그가 아들에게 왜 지게를 다시 지고 오느냐고 물으니 어린 아들이 "저도 아버지가 늙으면 이 지게에 지고 와서 버리려고요"라고 대답했다. 그 말에 그는 크게 뉘우치고 늙은 아버지를 다시 집으로 모셔 간 뒤에 잘 봉양하였다. 그로부터 고려장이라는 악습이 사라졌다고 한다.

그러나 이러한 고려장 풍습은 일제강점기에 일본이 만들어 낸 것이라는 견해가 있다. 위와 같은 고려장 이야기는 일제 시대에 처음 등장하였다는 것이다. 한국인들은 요즘에도 부모에게 불효하는 자식, 혹은 자식을 학대하는 부모를 사람답지 못하다고 비판한다. 부모와 자식의 관계는 '천륜(天倫)'이라 하여 끊으려야 끊을 수 없는 관계라 생각한다. 천륜이란 하늘이 맺어 준 관계라는 뜻이다. 하늘이 맺어 준 관계이니 사람이 마음대로 끊을 수 없다는 것이다.

연습문제 ────────────────────────

1. 늙은 어머니가 나뭇가지를 꺾은 이유는 무엇인가?

2. 아들은 왜 어머니를 산속에 두고 오려고 했는가?

3. 노인이 우리 사회에 기여할 수 있는 것이 무엇인지 짧은 글로 써 보자.

_____

_____

_____

_____

_____

_____

_____

_____

_____

_____

_____

_____

_____

_____

_____

_____

_____

(2) 해와 달이 된 오누이

옛날에 한 어머니가 오누이를 집에 두고 떡을 팔러 장에 갔다. 저녁이 되어 집으로 돌아오는 길에 어머니는 산에서 호랑이를 만났다. 호랑이가 어머니에게 말했다.

"떡 하나 주면 안 잡아먹지."

어머니가 호랑이에게 떡을 주자 호랑이는 떡을 받아먹고 사라졌다. 그러나 호랑이는 고개를 하나 넘을 때마다 나타나 먹을 것을 요구하였고, 떡이 다 떨어지자 마침내 어머니를 잡아먹었다. 호랑이는 어머니의 옷을 입고 오누이가 사는 집으로 찾아갔다.

호랑이는 어머니인 척하며 아이들에게 문을 열어 달라고 했다. 그러나 아이들은 호랑이의 목소리가 어머니와 다르고, 손에 털이 나 있어 이상하다며 문을 열어 주지 않았다. 결국 호랑이는 꾀를 써서 마침내 집 안으로 들어갔다. 남매는 겨우 도망하여 우물가 큰 나무 위로 피신하였다.

아이들을 쫓아온 호랑이는 나무 위를 바라보며 어떻게 그 위에 올라갔냐고 물었다. 그러자 오빠가 말했다.

"참기름을 바르고 올라왔지."

호랑이는 오빠 말대로 참기름을 바르고 나무에 오르려다 실패했다. 그 모습을 보던 여동생이 웃으면서 자기도 모르게 이렇게 말했다.

"바보야, 도끼로 나무를 찍으면서 올라오면 되지."

호랑이는 여동생이 한 말을 듣고 도끼로 나무를 찍으며 올라갔다. 다급해진 남매는 동아줄을 내려 달라고 하늘에 빌었다. 그러자 하늘에서 동아줄이 내려와 남매는 동아줄을 타고 하늘로 올라갔다. 호랑이도 동아줄을 내려 달라고 하늘에 빌자 하늘에서 동아줄이 내려왔다. 그러나 그 동아줄은 썩은 동아줄이었다. 호랑이는 썩은 동아줄을 타고 하늘로 올라가다가 줄이 끊어지는 바람에 떨어져 죽었다. 호랑이가 떨어진 곳은 수수밭이었는데, 호랑이의 피가 수숫대에 묻어 지금도 수숫대의 색깔이 붉다고 한다.

하늘에 오른 오빠는 해가 되고 여동생은 달이 되었는데, 여동생이 밤에 무섭다고 해서 오빠와 바꾸어 해가 되었다. 해가 된 여동생은 사람들이 쳐다보는 것이 부끄러워 자기를 똑바로 쳐다보지 못하게 빛을 냈다고 한다.

- 오누이: 오라비와 누이를 아울러 이르는 말. 남매. 오라비는 여자의 남자 형제를, 누이는 남자의 여자 형제를 가리킨다. brother and sister.
- 꾀: 묘한 생각이나 수단. wits.
- 참기름: 참깨로 짠 기름. sesame oil.
- 동아줄: 굵고 튼튼하게 만든 줄. rope.

요즘에는 동물원에나 가야 호랑이를 볼 수 있지만, 예전에는 한국 곳곳에 호랑이가 있었다. 호랑이는 가축(닭, 돼지 등)을 해치기도 하고 심지어 사람을 해치기도 했다. 그만큼 호랑이는 무서운 동물이다. 그러나 호랑이는 주로 산에 살기 때문에 산의 수호자, 신령스러운 존재로 여겨지기도 했다. 그래서 한국의 절에 가 보면 신선 그림과 함께 호랑이 그림을 쉽게 볼 수 있다. 그만큼 한국인들에게 호랑이는 무서우면서도 친숙한 동물이었다.

수숫대의 색이 붉은 이유는 호랑이가 썩은 동아줄을 타고 하늘로 올라가다 수수밭에 떨어져 그 피가 물들어서라고 한다. 이렇게 어떤 사물이 왜 그런 속성이나 모양을 갖게 되었는지 설명해 주는 이야기를 '유래담'이라고 한다.

연습문제 ──────────────────────────────

여름에 머리털이 빠지는 까치가 많은데 왜 그런 것인지 그 유래담을 조사하여 간략하게 정리해 보자.

_____

_____

_____

_____

_____

_____

_____

(3) 개와 고양이의 구슬 다툼

옛날 어느 바닷가에 늙은 부부가 물고기를 잡아 생계를 이어가고 있었다. 어느 날 노인이 큰 잉어를 잡게 되었는데, 잉어가 눈물을 흘리는 것을 보고 가여워서 놓아 주었다. 다음 날 노인이 바다에 가니, 한 소년이 나타나 용왕의 아들이라고 하며 전날 자신을 놓아 준 노인의 은혜에 감사하면서 그를 용궁으로 초대했다. 용왕에게 잘 대접받고 보배 구슬을 얻어 돌아온 뒤, 노인 부부는 보배 구슬 덕분에 큰 부자가 되었다.

그 소식을 들은 이웃 마을 노파가 속임수를 써서 구슬을 가져가 노인의 집은 다시 가난해졌다. 그 집에서 기르던 개와 고양이는 주인인 노인의 은혜를 갚고자 이웃 마을 노파의 집을 찾아가서 노파의 집 쥐왕을 위협하여 구슬을 되찾게 되었다. 돌아오던 중, 강을 건너는데 개는 헤엄을 치고 고양이는 등에 업혀 구슬을 입에 물고 있었다. 개가 고양이에게 구슬을 잘 간수하고 있느냐고 자꾸 묻자 고양이가 대답하다가 그만 구슬을 물에 빠뜨렸다.

그 일로 서로 다투다가 개는 집으로 갔지만, 면목이 없어진 고양이는 강 건너편에서 물고기를 얻어먹다가 그 속에서 구슬을 찾게 되어 주인에게 가져다 주었다. 주인은 고양이를 우대하고 개를 집 밖에 거처하게 하고 박대했으므로, 그 뒤부터 둘의 사이가 나빠지게 되었다.

- 생계: 살림을 살아 나갈 방도. 또는 현재 살림을 살아가고 있는 형편. 生計. living.
- 잉어: 크기가 큰 민물고기. carp.
- 가엾다: 마음이 아플 만큼 안되고 슬프다. feeling pity.
- 용궁: 전설에서, 바닷속에 있다고 하는 용왕의 궁전. 龍宮. palace of sea king.
- 구슬: 보석이나 진주 따위로 둥글게 만든 물건. marble.
- 노파: 늙은 여자. 老婆. old woman.
- 헤엄: 사람이나 물고기 따위가 물속에서 나아가기 위해 팔다리나 지느러미를 움직이는 일. swimming.
- 치다: 팔이나 다리를 힘 있게 저어 움직이다. kick in the water.
- 간수하다: 보살피고 지키다. 看守하다. keep.
- 그만: 그대로 곧. immediately.
- 면목이 없다: 남을 떳떳하게 대할 수 없다. 面目이 없다. be ashamed.
- 우대: 특별히 잘 대해 줌. 優待. special treatment.
- 박대: 정성을 들이지 않고 아무렇게나 하는 대접. 薄待. poor treatment.

개와 고양이는 어느 나라에서나 흔하게 볼 수 있는 동물이다. 그런데 일반적으로 개와 고양이는 서로 사이가 좋지 않다. 서양에서도 서로 사이가 나쁜 관계를 'cat-anddog terms'라고 한다. 위 이야기는 개와 고양이가 왜 사이가 안 좋게 되었는지 그 이유를 설명하고 있다. 개와 고양이 외에도 중국에는 견원지간(犬猿之間)이라는 말이 있다. 개와 원숭이가 사이가 안 좋다는 뜻이다. 개와 고양이가 왜 사이가 안 좋은가를 설명하고 있다는 점에서 이 이야기도 일종의 유래담이라 할 수 있다.

(4) 콩쥐팥쥐 이야기

옛날 어머니를 일찍 여의고 계모 슬하에서 자라던 콩쥐가 있었다. 계모는 자기가 데리고 온 팥쥐만을 감싸며 콩쥐를 학대했다. 밭을 맬 때 팥쥐에게는 쇠 호미를 주고 콩쥐에게는 나무 호미를 주어 골탕을 먹이려 했지만, 돌아가신 어머니가 소로 변신해 나타나 도와 주고 과일도 주었다.

외가의 잔칫날이 되자 계모는 팥쥐만 잔치에 데리고 가면서 콩쥐에게는 밑 빠진 독에 물 붓기, 곡식 찧고 베 짜는 등의 힘든 일을 시킨다. 그러나 두꺼비가 나타나 독의 구멍을 막아 주고, 새떼가 몰려와 곡식을 까 주고, 선녀가 내려와 베를 짜 주어 어렵지 않게 일을 마칠 수 있었다.

콩쥐도 잔치에 가고 싶었지만 입고 갈 옷과 신고 갈 신이 없었다. 마침 선녀가 내려와 콩쥐에게 고운 옷과 신발을 주었다. 콩쥐는 옷을 입고 신을 신고 잔치에 가다가 냇가에서 신발 한 짝을 잃어버렸다. 이 신이 원님의 눈에 띄어 원님이 신발의 주인을 찾았는데, 수소문 끝에 신발이 콩쥐의 것으로 드러나 콩쥐는 원님과 혼인하게 되었다.

팥쥐는 나쁜 마음을 품고 콩쥐에게 접근하여 콩쥐를 연못에 빠뜨려 죽이고는 콩쥐처럼 행세했다. 귀신이 된 콩쥐는 감사 앞에 나타나 자신의 억울한 사연을 호소했다. 이야기를 들은 감사는 즉시 악한 팥쥐를 처단하여 그 시신을 어미에게 보냈다. 어미는 팥쥐에게서 선물이 온 줄 알고 기뻐하다가 딸의 시신을 보고 기절하여 죽었다.

• 여의다: 부모나 사랑하는 사람이 죽어서 이별하다. lose.
• 계모: 아버지가 재혼함으로써 생긴 어머니. 의붓어머니. 繼母. a stepmother.

- 슬하: '무릎의 아래'라는 뜻으로, 어버이나 조부모의 보살핌 아래에 있는 상황을 가리킨다. 膝下. the care of one's parents.
- 학대하다: 몹시 괴롭히거나 가혹하게 대우하다. 虐待하다. mistreat.
- 호미: 김을 매거나(weed) 감자나 고구마 따위를 캘 때 쓰는 농기구. Korean hand plow hoe.
- 골탕을 먹이다: 한꺼번에 크게 손해를 입히거나 낭패를 당하게 만들다. put sombody into trouble.
- 베: 옷감. cotton cloth.
- 독: 흙으로 빚어 만든 것으로 간장, 술, 김치 따위를 담가 두는 데에 쓰는 큰 그릇. jar.
- 선녀: 신선이 사는 곳에 산다고 하는 여자. 仙女. a celestial maiden.
- 수소문: 세상에 떠도는 소문을 두루 찾아 살핌. 搜所聞. ask around.
- 원님: 고려, 조선 시대에 각 고을을 맡아 다스리던 지방관을 높여 부르던 말. a local governor.
- 행세하다: 해당되지 아니하는 사람이 어떤 당사자인 것처럼 처신하여 행동하다. 行世하다. pretend.
- 사연: 일의 앞뒤 사정과 까닭. 事緣. story.
- 감사: 관찰사. 조선 시대에 둔, 각 도의 으뜸 벼슬. 監司. a governor.
- 처단하다: 결단을 내려 죽여 버리다. 處斷하다. punish.
- 어미: '어머니'의 낮춤말.
- 기절하다: 두려움, 놀람, 충격 따위로 한동안 정신을 잃다. 氣絶하다. pass out.

대부분의 나라에서 계모의 이미지는 부정적이다. 위의 콩쥐팥쥐 이야기 외에도 나쁜 계모가 등장하는 작품으로 〈장화홍련전〉이라는 한국의 고전 소설이 있다. 장화와 홍련 자매가 계모의 박대를 받고 억울하게 죽게 되는 이야기이다. 그런데 이 작품은 조선 시대에 실제로 있었던 이야기를 바탕으로 한 것이다. 이 작품에는 억울하게 죽어서 귀신이 된 장화와 홍련이 등장하는데, 그 모습이 오늘날 매체를 통해 볼 수 있는 이미지의 귀신은 아니었다. 긴 머리에 흰옷을 입고 핏기 하나 없는 하얀 얼굴의 귀신은 20세기 들어와 만들어진 귀신 이미지이다.

1. 고전 소설 〈장화홍련전〉의 배경이 되는 사건에 대해 조사해 말해 보자.

2. 자신의 나라의 귀신의 모습은 어떤지 소개해 보자.

3. 콩쥐팥쥐 이야기와 신데렐라 이야기를 비교하는 글을 써 보자.

_____

_____

_____

_____

_____

_____

_____

_____

_____

_____

_____

_____

_____

_____

_____

_____

_____

(5) 선녀와 나무꾼

옛날에 사슴 한 마리가 사냥꾼에게 쫓기고 있었다. 이를 본 나무꾼이 사슴을 숨겨 주었다. 사슴은 나무꾼에게 은혜를 갚기 위해 선녀들이 목욕하는 곳을 알려 주면서 다음과 같이 당부했다.

"선녀의 날개옷을 감추고 아이를 셋 낳을 때까지는 절대 그 옷을 보여 주지 마세요."

나무꾼은 사슴이 알려 준 대로 선녀가 목욕하는 곳을 찾아가 몰래 선녀의 날개옷을 감추었다. 목욕이 끝난 다른 선녀들은 모두 날개옷을 입고 하늘로 돌아갔지만 날개옷을 잃은 한 선녀만은 가지 못하게 되었다. 나무꾼은 그 선녀를 데려다 아내로 삼았다.

선녀와 나무꾼은 아이를 둘 낳았다. 그러던 어느 날 선녀가 나무꾼에게 날개옷을 보여 달라고 조르자 나무꾼은 선녀에게 날개옷을 보여 주었다. 선녀는 그 옷을 잠깐 입어보는 체하다가 그대로 아이들을 안고 하늘로 올라갔다. 이후 사슴이 다시 나타나 나무꾼에게 하늘에서 두레박으로 물을 길어 올릴 테니 그것을 타고 하늘로 올라가면 선녀와 아이들을 만날 수 있을 거라고 알려 주었다.

사슴이 알려준 대로 하늘에 올라간 나무꾼은 한동안 아내와 자식들과 행복하게 살았다. 그러다가 나무꾼은 지상의 어머니가 그리워져서 아내의 도움을 받아 날개 달린 말을 타고 땅에 내려왔다. 선녀는 나무꾼에게 절대로 말에서 내리지 말라고 당부하였다.

그런데 나무꾼의 어머니가 아들이 좋아하는 호박죽을 쑤어 먹이다가 뜨거운 죽을 말 등에 흘리는 바람에 날개 달린 말이 놀라 나무꾼을 땅에 떨어뜨린 채 그대로 하늘로 올라갔다. 지상에 떨어져 홀로 남은 나무꾼은 날마다 하늘을 쳐다보며 슬퍼하다가 죽었다. 그러고는 수탉이 되어 지금도 지붕 위에 올라 하늘을 바라보며 운다고 한다.

- 나무꾼: 땔나무를 하는 사람. a firewood gatherer.
- 조르다: 다른 사람에게 자꾸 무엇을 요구하다. nag.

• 두레박: 줄을 길게 달아 우물물을 퍼올리는 데 쓰는 도구. a well bucket.

• 쑤다: 곡식의 알이나 가루를 물에 끓여 익히다. boil.

• 수탉: 닭의 수컷. cock.

　선녀는 하늘에 사는 상상 속의 여인으로, 동양에서는 예전부터 청순하고 아름다운 여인을 상징해 왔다. 한국에는 선녀가 내려와 목욕하던 곳이라는 폭포나 연못이 많다. 하늘 나라에는 따로 목욕탕이 없었던 모양이다.

　앞의 '개와 고양이의 구슬 다툼'에는 용궁이 나오는데, 바닷속에는 용궁이 있고 그 세계를 지배하는 용왕이 있는 것처럼 하늘에는 천하궁이 있고 그 세계를 지배하는 옥황상제가 있다고 믿었다. 그러니까 바닷속에도 나라와 왕이 있고 하늘에도 나라와 왕이 있다고 믿었던 것이다. 또 바닷속 세계와 하늘 나라는 우리 인간 세상과 밀접하게 관련을 맺고 있다고 믿었다. 수탉이 왜 지붕 위에 올라가 우는가를 설명하고 있다는 점에서 이 이야기도 일종의 유래담이라 할 수 있다.

설악산 선녀탕

(6) 호랑이 처녀의 사랑

신라 때 매해 4월 초파일부터 15일까지 서울의 남녀들이 흥륜사의 탑을 돌면서 복을 기원하는 풍습이 있었다. 원성왕 때 김현이라는 이가 있었는데 밤이 깊도록 혼자서 쉬지 않고 탑을 돌았다. 마침 어떤 처녀가 염불을 하며 따라 돌다가 서로 눈이 맞아 탑 돌기를 끝내고 으슥한 곳에 가서 사랑을 나누었다. 처녀가 돌아가려 하자 김현이 그녀를 따라갔다. 처녀가 따라오지 말라고 하였지만 김현은 굳이 그녀를 따라갔다.

서쪽 산의 기슭에 이르러 한 초가집에 들어가니 할머니가 있었다. 할머니가 물었다.
"데리고 온 사람은 누구냐?"
처녀가 그간의 사정을 할머니에게 이야기하니 할머니가 말하였다.
"좋은 일이기는 하지만 이렇게 되지 않았으면 좋았을걸. 그래도 이미 이렇게 됐으니 어쩔 수 없구나. 우선 은밀한 곳에 숨겨 두어라. 네 오빠들이 싫어할까 걱정이구나."
그러자 처녀는 김현을 은밀한 곳에 숨겨 주었다.
얼마 후 호랑이 세 마리가 으르렁거리면서 나타나며 이렇게 말하였다.
"집에서 사람 냄새가 나는구나. 배고픈데 마침 잘되었다."
그 말을 듣고 할머니와 처녀가 나가서 꾸짖으며 이렇게 말하였다.
"너희들 코에 문제가 있는 것 아니냐? 무슨 말도 안 되는 소리를 해?"
마침 하늘에서 다음과 같은 소리가 들려왔다.
"너희 호랑이들은 걸핏하면 생명을 해치니 벌을 내려야겠다."
그러자 세 호랑이는 그 말을 듣고 벌벌 떨었다.
처녀가 말하였다.
"만약 세 오라버니께서 멀리 도망가 반성하신다면 제가 그 벌을 대신 받겠습니다."
이 말을 들은 호랑이들은 모두 기뻐하며 고개를 숙이고서 꼬리를 끌고 도망갔다.

처녀가 다시 들어가 김현에게 말하였다.

"애초에 제가 낭군께 저희 집에 오시지 말라고 한 것은 이런 일이 벌어질까 염려하였기 때문입니다. 이제 숨길 것이 없으니 솔직히 말씀드리지요. 낭군은 사람이시고 저는 짐승이기는 하지만 하룻밤의 기쁨을 함께하였으니 그 정의가 혼인한 것이나 마찬가지입니다. 세 오빠의 나쁜 짓은 이미 하늘의 노여움을 샀으니, 온 가족의 재앙을 제가 대신 당하고자 합니다. 그렇다면 잘 모르는 사람의 손에 죽느니 차라리 낭군의 손에 죽는 것이 낫습니다. 저는 내일 저자에 나타나 사람들을 사납게 해칠 것입니다. 나라 사람들이 두려워 어쩌지 못하면 왕이 반드시 큰 벼슬을 걸고 저를 잡을 사람을 모집할 거예요. 그때 낭군께서 저를 잡으세요. 저를 겁내지 마시고 성의 북쪽 수풀로 따라오세요. 제가 거기서 당신을 기다리고 있겠습니다."

김현이 말하였다.

"사람이 사람과 사귀는 것은 이상한 것이 아니지만 사람이 짐승과 사귀는 것은 이상한 일이오. 그러나 이미 깊이 사귀게 되었으니 이것도 하늘의 뜻이겠지요. 어떻게 배필의 죽음을 팔아서 한 세상의 벼슬을 바라겠소!"

처녀가 말하였다.

"그런 말씀 마세요. 이제 저의 수명이 다하였으니 이는 하늘의 뜻이기도 하고 제가 바라는 것이기도 하며 낭군에게는 경사이고 우리 호랑이들에게는 복이며 나라 사람들에게는 기쁨이기도 합니다. 저 하나 죽어서 다섯 가지 이익이 생기니 죽지 않을 수 없습니다. 다만 제가 죽어서 좋은 곳으로 갈 수 있도록 절을 짓고 염불을 해 주신다면 고맙겠어요."

그러고는 마침내 서로 울면서 이별하였다.

다음 날 과연 사나운 호랑이가 성 안에 나타나 마구 날뛰었는데 그것을 잡을 수 있는 사람이 없었다. 원성왕이 그 소식을 듣고 다음과 같이 명령하였다.

"호랑이를 잡는 자에게는 높은 벼슬을 내리겠다."

김현이 궁궐에 들어가 왕을 뵙고는 "제가 잡을 수 있습니다." 하니 왕이 먼저 벼슬을 내려 격려하였다.

김현이 작은 칼을 들고 수풀로 들어가니 호랑이가 처녀로 모습을 바꾸었다. 처녀가 웃으며 말하였다.

"지난밤 우리의 애틋한 사랑을 낭군께서는 잊지 말아 주세요. 오늘 호랑이 발톱에
상처를 입은 사람들은 모두 흥륜사의 장을 바르고 흥륜사의 나발 소리를 듣게 하면
나을 것입니다."

그러고는 김현이 갖고 있던 칼을 빼앗아 그것으로 스스로 목을 찔러 죽었다. 그러
자 처녀는 다시 호랑이 모습으로 변했다.

김현이 숲에서 나와 "이 호랑이는 어렵지 않게 잡았다."라 말하고는 처녀와의 일은
발설하지 않았다. 다친 사람들에게는 처녀가 가르쳐준 대로 하니 그들의 상처가 모
두 나았다. 그 뒤로 호랑이에게 다친 사람들이 그 방법을 썼다.

김현이 등용되어서 서천 부근에 절을 세우고 '호원사'라고 이름을 붙이고는 불경
을 외워 호랑이의 넋을 위로하였다. 김현이 죽을 때가 되어 이전의 일을 떠올리고 글
을 써서 전하게 되었는데 그제서야 그 이야기가 세상 사람들에게 알려졌다.

- 초파일: 음력 4월 8일로 석가모니의 탄생일이다. 初八日. The Birth Day of Buddha.
- 흥륜사: 경상북도 경주시 봉황대와 오릉 사이의 동편에 있던 절. 신라 진흥왕 5년(544)에 창건
  한 신라 최초의 큰 절이었다. 興輪寺.
- 탑: 석가모니의 사리나 유골을 모시거나 특별한 곳임을 나타내기 위하여, 또는 그 덕을 기리기
  위하여 세운 건축물. 깎은 돌이나 벽돌 따위로 층을 지어 쌓으며, 3층 이상 홀수로 층을 올린
  다. 塔. pagoda.
- 복: 삶에서 누리는 좋고 만족할 만한 행운. 또는 거기서 얻는 행복. 福. fortune.
- 기원하다: 바라는 일이 이루어지기를 빌다. 祈願하다. pray.
- 풍습: 풍속(風俗)과 습관(習貫). 풍속은 '옛날부터 그 사회에 전해 오는 생활 전반에 걸친 습관'
  이며 습관은 '어떤 행위를 오랫동안 되풀이하는 과정에서 저절로 익혀진 행동 방식'이다. 風習.
  custom.
- 원성왕: 신라 제38대의 왕. 元聖王.
- 염불: 불경(佛經, the Buddhist scriptures)을 외는 일. 念佛. Buddhist prayer.

- 눈이 맞다: 사랑에 빠지다. falling in love.

- 으슥하다: 깊고 후미지다. secluded.

- 굳이: 고집을 부려 구태여. obstinately.

- 초가집: =초가. 짚이나 갈대 따위로 지붕을 인 집. 草家집. a thatched house.

- 은밀하다: 숨어 있어서 겉으로 드러나지 아니하다. 隱密하다. secret.

- 으르렁거리다: 크고 사나운 짐승 따위가 자꾸 성내어 크고 세차게 울부짖다. ≒ 으르렁대다. growl.

- 꾸짖다: 주로 아랫사람의 잘못에 대하여 엄격하게 나무라다. reprimand.

- 걸핏하면: 조금이라도 일이 있기만 하면 곧. easily.

- 벌벌: 추위, 두려움, 흥분 따위로 몸이나 몸의 일부분을 크게 자꾸 떠는 모양. tremblingly.

- 애초: 맨 처음. the beginning.

- 낭군: 예전에, 젊은 여자가 자기 남편이나 연인을 부르던 말. 郞君.

- 염려하다: 앞일에 대하여 여러 가지로 마음을 써서 걱정하다. 念慮하다. worry.

- 짐승: 사람이 아닌 동물. animal.

- 정의: 서로 사귀어 친하여진 정. 情誼. friendly feelings.

- 혼인: 결혼. 婚姻. marriage.

- 노여움: 분하고 섭섭하여 화가 나는 감정. anger.

- 재앙: 뜻하지 아니하게 생긴 불행한 변고. 또는 천재지변으로 인한 불행한 사고. 災殃. calamity.

- 저자: 시장. marketplace.

- 수풀: 나무들이 무성하게 우거지거나 꽉 들어찬 것. forest.

- 경사: 축하할 만한 기쁜 일. 慶事. happy occasion.

- 밑천: 어떤 일을 하는 데 바탕이 되는 돈이나 물건, 기술, 재주 따위를 이르는 말. capital.

- 격려: 용기나 의욕이 솟아나도록 북돋워 줌. 激勵. encouragement.

- 장: 간장, 고추장, 된장 따위를 통틀어 이르는 말. 醬.

- 나발: 예전에 절에서 사용하던, 동물의 뿔 등을 이용해 불던 악기. 螺鉢. a bugle.

- 발설하다: 입 밖으로 말을 내다. 發說하다. reveal.

- 등용: 인재를 뽑아서 씀. 登用. appointmemt.

- 불경: 불교의 교리를 밝혀 놓은 책을 통틀어 이르는 말. 佛經. Buddhist Sutra.

홍륜사가 있던 자리 (경주)

한국에 불교가 들어온 것은 삼국시대이다. 이후 고려시대에 불교가 성행했으며 조선은 유교 국가였기 때문에 불교를 억압하기도 하였다. 그러나 오늘날까지 한국인들의 삶과 생각에 불교는 큰 영향을 미쳐 왔다. 한국인들이 불교에서 가장 중시하는 가치는 바로 '살생 금지'이다. 사람이나 동물 따위의 생물을 죽이지 않는 것이다. 그래서 불교를 믿는 사람들은 고기를 먹지 않고, 사람이나 동물을 해치지 않으려 한다. 예전에 시골에서는 뜨거운 물도 밖에 함부로 버리지 않았는데, 혹시 무심코 버린 뜨거운 물 때문에 작은 벌레가 죽을 수도 있었기 때문이다.

이 이야기에서 호랑이는 사람의 모습으로 변신하기도 하고 다시 호랑이의 모습으로 돌아오기도 한다. 한국의 옛날이야기 가운데 이렇게 동물이 사람으로 모습을 바꾸는 이야기가 많다. 호랑이가 사람이 되기도 하고, 여우가 사람이 되기도 한다. 여우는 보통 간사한 동물로 여겨지는데, 여우가 미인으로 변해서 사람을 유혹해 해치는 이야기가 많다.

1. 처녀가 김현에게 따라오지 말라고 한 이유는 무엇인가?

2. 호랑이 처녀가 김현에게 말한, 자기를 죽여야 하는 이유 다섯 가지는 무엇인가 구체적
   으로 써 보자.

3. 오빠 호랑이들 대신 자신이 벌을 받겠다고 한 호랑이 처녀의 선택에 대해 어떻게 생각
   하는지 이야기해 보자.

4. 이 이야기 속 호랑이와 다른 이야기 속 호랑이가 어떻게 다른 모습으로 묘사되고 있는
   지 비교해 보자.

6) 한국의 고전 산문

큰누이 묘지명

박지원

누님은 열여섯에 덕수 이씨 집안의 이택모에게 시집가서 1녀 2남을 두었다. 신묘
년(辛卯年, 1771) 9월 1일에 돌아가셨으니 얻은 해가 마흔셋이다. 남편의 선산이 아곡
(鴉谷)이어서 장차 그곳 북동쪽 방향의 묏자리에 장사 지내려 한다. 이택모가 그 어진
아내를 잃고 가난하여 살아갈 방도가 없어 어린것들과 계집종 하나, 살림살이 등을
배에 싣고 아곡으로 들어가려고 상여와 함께 출발하였다. 나는 새벽에 두포(斗浦)의
배 위에서 그들을 전송하고 통곡하다 돌아왔다.

아! 누님이 시집가던 날 새벽 단장하던 것이 어제 일만 같구나. 나는 그때 막 여덟

살이었다. 내가 누워서 말처럼 발을 동동 구르며 새신랑의 말투를 흉내 내어 우물거리며 점잔을 빼니 누님은 부끄러워하다 내 이마에 빗을 떨어뜨렸다. 나는 성나 울면서 먹을 분에 뒤섞고 침을 발라 거울을 더럽혔다. 그러자 누님은 옥 오리와 금 벌을 꺼내어 나에게 주며 울음을 그치게 했다. 그 일이 벌써 28년이 되었다.

강가에 말을 세우고 멀리 바라다보니 붉은 깃발은 펄럭거리고 돛대 그림자는 너울거렸다. 배가 강 언덕을 돌아가더니 나무에 가리워져 다시는 볼 수 없었다. 그런데 강 위 먼 산은 검푸른 것이 쪽 진 머리 같고 강물 빛은 거울 같고 새벽달은 눈썹 같았다. 울면서 빗을 떨어뜨린 일을 생각하니 유독 어렸을 때 일은 또렷하고 기쁜 일이 많았다. 세월은 길어 그 사이에 늘 근심으로 괴로워하고 가난을 걱정하였더니 아득하기가 꿈속과 같구나. 형제로 지낸 날들이 어찌 이리도 짧단 말인가.

- 묘지명: 죽은 사람의 이름, 신분, 행적 따위를 기록한 글. 墓誌銘. epitaph.
- 박지원: 1737~1805. 조선 후기의 문인. 朴趾源.
- 덕수: 이씨의 본관의 하나. 지금의 개성시 개풍군 개풍읍. 德水. one of the family clan of Korea.
- 이택모: 1729~1812. 박지원의 자형(누님의 남편) 이름.
- 선산: 조상의 무덤이 있는 산. 先山. one's family graveyard.
- 묏자리: 뫼, 즉 사람의 무덤을 쓸 자리, 또는 쓴 자리. a grave site.
- 장사: 죽은 사람을 땅에 묻거나 화장하는 일. 葬事. a burial.
- 어질다: 마음이 너그럽고 착하며 슬기롭고 덕행이 높다. benign.
- 아곡: 지금의 경기도 양평군 양동면의 지명. 鴉谷.
- 어린것: 어린아이나 어린 자식을 귀엽게 이르는 말. youngling.
- 상여: 사람의 시체를 실어서 묘지까지 나르는 도구. 喪輿. a death carriage.
- 두포: 지금의 서울 옥수동 한강변에 있던 나루 이름. 豆浦.
- 전송하다: 예를 갖추어 떠나보내다. 餞送하다. see someone off.
- 통곡하다: 소리를 높여 슬피 울다. 慟哭하다. bemoan.
- 우물거리다: 말이나 행동을 시원스럽게 하지 아니하고 입 안에서 중얼거리다. mumble.

- 점잔을 빼다: 점잖은 듯이 행동하다. with an air of dignity.
- 먹: 벼루에 물을 붓고 갈아서 글씨를 쓰거나 그림을 그릴 때 사용하는 검은 물감. Chinese ink.
- 분: 얼굴빛을 곱게 하기 위하여 얼굴에 바르는 화장품의 하나. 粉. powder.
- 쪽 지다: 시집간 여자가 머리카락을 뒤통수에 땋아서 틀어 올려 비녀를 꽂은 것. do one's hair up in a chignon or bun.
- 옥: 빛이 곱고 모양이 아름다운 보석. 玉. jade.
- 유독: 많은 것 가운데 홀로 두드러지게. 惟獨. especially.

묘지명은 죽은 사람에 대해 쓴 글이다. 이 글을 쓴 박지원은 조선 시대 최고의 문인으로 꼽힌다. 박지원은 돌아가신 누님에 얽힌 에피소드로 이 글을 구성하고 있다. 누님의 따뜻한 면모를 잘 보여주는 에피소드를 들어 그러한 누님을 잃은 작자의 슬픔을 짧은 글 안에 잘 서술하고 있다.

연습문제

1. 윗글의 '울면서 빗을 떨어뜨린 일을 생각하니'라는 표현은 두 가지로 이해할 수 있다. 그 두 가지는 무엇이고, 그중 어떤 해석이 올바른 것인지 말해 보자.

2. 자신의 나라에서는 죽은 사람에 대해 쓰는 글이 있는지 이야기해 보자.

7) 한국의 옛 노래

(1) 향가 〈제망매가祭亡妹歌〉

'향가'는 신라의 노래라는 뜻이고 '제망매가'는 죽은 누이동생을 제사 지내며 부른 노래라는 뜻이다. 〈제망매가〉는 신라 시대에 월명사(月明師)라는 이가 누이의 죽음을 애도하며 지었다고 알려져 있다. 불교적 색채가 강한 노래로 죽은 누이와의 이별을 종교적 차원에서 극복하려는 모습을 엿볼 수 있다.

제망매가

월명사

삶과 죽음의 길이

예 있으매 두려워

나는 간다는 말도

못다 이르고 가는가

어느 가을 이른 바람에

여기 저기 떨어지는 잎처럼

한 가지에 나고도

가는 곳 모르겠구나

아아, 미타찰에서 만날 나

도 닦아 기다리노라

• 누이: 가족이나 친척 중 남자가 여자 형제를 부르거나 지칭할 때 쓰는 말. sister.

• 예: 여기 또는 여기에. here.

• 있으매: 있어서, 있기에. '-매(-으매)'는 어떤 일의 원인이나 근거를 나타내는 말.

- 못다: '다하지 못함'을 뜻하는 말.

- 이르다: 말하다. say.

- 이른: 빠른, 앞선. early.

- 한 가지: 같은 나뭇가지.

- 미타찰: 불교의 극락. 彌陀刹. paradise in Buddism.

연습문제 ————————————————————————————————

1. 노래의 뜻을 생각해 보자.

   1) '나는 간다'는 말은 누가 한 말로 볼 수 있는가?

   2) 노래 가사 중 '잎'이 비유하는 것은 무엇이라고 생각하는가?

   3) 노래 속의 '나'는 누이의 죽음에 어떻게 대응하고 있는가?

2. 자신의 나라의 민요, 시, 가요 중 가족이나 친구의 죽음을 노래한 작품이 있으면 소개해 보자.

3. 위 2에서 소개한 작품을 〈제망매가〉와 비교하여 말해 보자.

(2) 민요 〈아리랑〉

민요는 예로부터 민중 사이에 불려 오던 전통적인 노래이다. 어느 나라에든 민요가 있다. 〈아리랑〉은 한국의 대표적인 민요라 할 수 있다. 오늘날 가장 널리 알려지고 가장 많이 불리는 〈아리랑〉은 나운규(1902~1937) 감독의 영화 〈아리랑〉(1926)의 주제곡으로 사용되었던 노래이다. 한국에는 지역마다 다른 '아리랑'이 있는데, 영화 〈아리랑〉의 주제곡은 서울과 경기 지방에서 불리던 아리랑을 바탕으로 만들어진 것이다. 일제강점기에 한국 사람들이 느꼈던 서러움과 울분을 담아 새롭게 창작한 것이다.

아리랑
- 영화 〈아리랑〉의 주제곡 -

아리랑 아리랑 아라리요
아리랑 고개를 넘어간다
나를 버리고 가시는 님은
십 리도 못 가서 발병 난다

• 십 리: '리'는 거리를 나타내는 단위. 1리는 약 0.393km에 해당함. 그리 멀지 않은 거리라는 뜻. 十里.
• 발병 난다: 발에 병이 날 것이라는 의미. have sore feet.

연습문제

1. 노래의 뜻을 생각해 보자.
    1) 아리랑 고개를 넘어서 님이 가는 곳은 어디인지 생각해 보자.
    2) 님에게 '발병 난다'고 말한 이유는 무엇인가?

2. 자신의 모국에도 〈아리랑〉처럼 자기 나라 사람들만의 정서나 영혼을 담은 노래가 있는지 생각해 보고, 그 노래를 소개해 보자.

8) 한국의 현대시

(1) 〈진달래꽃〉

시인 김소월(金素月, 1902~1934)이 지은 〈진달래꽃〉은 한국의 현대시를 대표하는 작품이다. 이 시는 한국적 정서를 잘 담고 있는 작품으로 한국인이라면 누구나 알고 있다. 시를 소리 내어 읽어 보고, 그 의미를 생각해 보자.

진달래꽃

김소월

나 보기가 역겨워
가실 때에는
말없이 고이 보내드리우리다

영변(寧邊)에 약산(藥山)
진달래꽃
아름따다 가실 길에 뿌리우리다

가시는 걸음 걸음
놓인 그 꽃을
사뿐히 즈려밟고 가시옵소서

나 보기가 역겨워
가실 때에는
죽어도 아니 눈물 흘리우리다

- 역겨워: 눈에 거슬려서, 싫어서. disgusting.

- 고이: 편안하게, 순순히. calmly.

- 영변: 북한의 평안북도 동남부에 위치한 지역 이름. 寧邊.

- 약산: 영변에 있는 산 이름. 진달래가 아름다운 것으로 유명함. 藥山.

- 진달래꽃: 이른 봄에 분홍색으로 피는 꽃. 杜鵑花, 躑躅. azalea.

- 아름따다: 한 아름을 따서. picking armful of azaleas.

- 사뿐히: 매우 가볍게 움직이는 모양. lightly.

- 즈려밟다: 위에서 내리눌러 꾹 밟다. 표준어는 '지르밟다'임. tread on foot.

연습문제

1. 이 시의 뜻을 생각해 보자.

  1) '나 보기가 역겨워' 떠나는 님에게 '진달래꽃 아름 따다 가실 길에 뿌리우리다'라고 말한 이유는 무엇인가?

  2) 이 시의 화자가 뿌린 진달래꽃을 '사뿐히 즈려밟고' 간다는 것은 무슨 의미인가?

  3) 이 시의 화자는 어떤 마음으로 '말없이 고이 보내드리우리다', '죽어도 아니 눈물 흘리우리다'라고 말했을지 이야기해 보자.

2. 이 시의 화자가 보여 주는 이별의 방법에 공감하는지, 왜 그렇게 생각하는지 이야기해 보자.

3. 이 시를 가사로 삼아 만든 한국의 대중가요를 찾아 소개해 보자.

(2) 〈나와 나타샤와 흰 당나귀〉

나와 나타샤와 흰 당나귀

백석

가난한 내가
아름다운 나타샤를 사랑해서
오늘밤은 푹푹 눈이 나린다

나타샤를 사랑은 하고
눈은 푹푹 날리고
나는 혼자 쓸쓸히 앉어 소주(燒酒)를 마신다
소주(燒酒)를 마시며 생각한다
나타샤와 나는
눈이 푹푹 쌓이는 밤 흰 당나귀 타고
산골로 가자 출출이 우는 깊은 산골로 가 마가리에 살자

눈은 푹푹 나리고
나는 나타샤를 생각하고
나타샤가 아니올 리 없다
언제 벌써 내 속에 고조곤히 와 이야기한다
산골로 가는 것은 세상한테 지는 것이 아니다
세상 같은 건 더러워 버리는 것이다

눈은 푹푹 나리고
아름다운 나타샤는 나를 사랑하고
어데서 흰 당나귀도 오늘밤이 좋아서 응앙응앙 울을 것이다

- 나린다: '내린다'를 시적으로 표현한 말.

- 출출이: 멧새. bunting.

- 마가리: '오두막'의 방언. 사람이 겨우 들어가 살 정도로 작게 지은 집. cottage.

- 고조곤히: 속삭이듯 조용하게.

- 어데서: 어디서.

- 응앙응앙: 당나귀의 울음소리를 나타낸 말.

연습문제

1. 이 시의 뜻을 생각해 보자.
   1) '푹푹'은 눈이 어떻게 내리는 모양을 표현한 것인가?
   2) 이 시에 등장하는 '나타샤'는 어떤 인물일지 상상하여 써 보자.

2. 자신이 알고 있는 자신의 나라의 가장 아름다운 사랑 노래 혹은 사랑의 시를 떠올려 보고, 그것을 한국어로 번역하여 발표해 보자.

3. 이 시를 가사로 삼아 만든 한국 대중가요를 찾아 함께 감상해 보자.

✔ 참고 백석과 '길상사'

백석(1912~1996)은 평안북도 정주에서 태어나 그 지역의 방언을 사용하여 아름다운 시를 썼던 시인이다. 서울 성북구에 위치한 절 '길상사'에는 백석과 관련된 아름답고도 슬픈 이야기가 전한다.

시를 쓰는 젊은 교사였던 백석은 1936년 함흥에서 진향(본명 김영한)이라는 기생과 운명적인 사랑에 빠지게 된다. 대부분의 사람들은 이 진향이 〈나와 나타샤와 흰 당나귀〉 속 나타샤의 모델일 것이라고 추측한다. 그 당시 기생은 매우 천한 직업으로 여겼기 때문에, 백석의 집안에서는 이 두 사람의 사랑을 반대하고 백석을 다른 여인과 결혼시키려 하였다. 이에 백석은 진향과 함께 머나먼 만주로 도망가려 하였다. 그러나 진향은 백석의 앞날을 걱정하여 함께 떠나기로 한 날 약속 장소에 나타나지 않았다. 진향은 서울로 오고 백석은 북쪽에 남아 있던 중 한국전쟁이 일어났다. 남한과 북한이 휴전선으로 나뉘면서 두 사람은 영원히 헤어지게 된 것이다.

홀로 남한에 남은 김영한(진향)은 '대원각'이라는 고급 요정을 경영하여 막대한 부를 쌓았다. 한평생 백석에 대한 그리움으로 외롭게 늙어가던 김영한은 1997년 자신의 재산으로 '백석문학상'을 만들었다. 또 백석에 대한 기억을 책으로 써서 출판하였다. 그리고 『무소유』의 저자 법정 스님에게 대원각을 시주하여 1997년 길상사가 창건되도록 하였다. 당시 천억 원에 달하는 그 큰 재산을 절을 짓는 데 내어주고, 염주 하나와 '길상화'라는 법명만 받았다. 그 큰돈이 아깝지 않으냐는 주변 사람들의 질문에 김영한은 "그깟 천억 원은 백석의 시 한 줄만의 가치도 못 된다."라고 대답했다고 한다.

서울 시내에 위치한 사찰 길상사에는 천재 시인에 대한 깊은 사랑과 그리움으로 오랜 세월을 보내다가, 마침내 종교적인 위안 속에서 생을 마친 한 여성의 마음이 잠들어 있다.

길상사 (서울 성북동)

(3) 〈서시〉

〈서시〉(1941)는 일제강점기 시인 윤동주(尹東柱, 1917~1945)가 지은 시이다. 이 시는 한국인이 가장 사랑하는 현대시로 꼽히는 작품이기도 하다. 소리 내어 시를 읽고, 함께 감상해 보자.

서시(序詩)

윤동주

죽는 날까지 하늘을 우러러
한점 부끄럼이 없기를,
잎새에 이는 바람에도
나는 괴로워했다.
별을 노래하는 마음으로
모든 죽어가는 것들을 사랑해야지
그리고 나한테 주어진 길을
걸어가야겠다.
오늘밤에도 별이 바람에 스치운다.

- 우러러: 위를 향하여 정중하게 고개를 들어. 여기서 "하늘을 우러러 한 점 부끄럼이 없기를"이라는 구절은 'hoping to have nothing to be ashamed of before God'의 뜻으로 해석될 수 있음.
- 부끄럼: 표준어는 '부끄러움'.
- 잎새: 나무의 잎사귀, 나뭇잎. a leaf.
- 이는: 기본형은 '일다'. 바람이나 물결이 생기는. blow, rise.
- 스치운다: 자신의 뜻과 무관하게 스침을 당하다.

윤동주는 짧은 생애를 살다 간 일제강점기의 젊은 시인이다. 만주 북간도에서 태어난 윤동주는 평양과 서울에서 학생 시절을 보내고 일본으로 유학을 떠났다. 교토 도시샤 대학에서 공부하던 윤동주는 모국어인 한국어로 시를 썼다는 이유로 일본 경찰에 잡혀갔다. 이후 후쿠오카 형무소에 갇혀 있다가 1945년 2월에 건강이 나빠져 감옥에서 작고하였다. 대한민국이 일제로부터의 해방을 겨우 6개월 앞둔 시점이었다. 29세의 청년이었던 윤동주가 갑작스럽게 사망한 원인에 대해서는 일제가 그를 생체 실험 대상으로 삼았기 때문이라는 주장도 제기되고 있다.

그의 유일한 시집 『하늘과 바람과 별과 시』(정음사, 1948)는 윤동주의 동료와 후배들이 그가 남긴 시들을 모아 해방 후에 출판한 유고(遺稿) 시집이다. 2016년에는 암울한 시대로 인해 고통받았던 청년 시인 윤동주의 치열하고 순결한 생애가 〈동주〉(이준익 감독)라는 영화로 만들어지기도 했다.

윤동주 시인과 그의 유고 시집

일본 교토 도시샤 대학의 윤동주 시비 (詩碑)

연습문제

1. 다음의 시구를 중심으로 이 시의 뜻을 생각해 보자.

  1) 한점 부끄럼

  2) 잎새에 이는 바람

  3) 별을 노래하는 마음

  4) 나한테 주어진 길

  5) 별이 바람에 스치운다

2. 한국어로 '사람이 죽는 것'에 대한 표현은 상당히 다양하다.

  1) 다음 표현들은 각각 그 의미가 어떻게 다른지 조사해 보자.

   (1) 죽다

   (2) 사망하다

   (3) 작고하다

(4) 서거하다

(5) 유명을 달리하다

2) 위의 표현들 이외에 사람의 죽음을 나타내는 다른 표현이 있는지 조사해 보자.

7. 한국의 정치와 경제

1) 한국의 정치 문화 Political culture

한국의 정치 문화는 시민계급이 봉건사회를 무너뜨리고 근대사회를 연 서구의 정치 문화와 다르다. 500년 이상 지속된 조선 시대 문화의 영향과 함께 일본과 서구의 영향도 동시에 받았다. 그래서 한국 정치는 상당히 복잡한 특성을 보인다. 또 한국 정치는 한국 사회만큼 역동적이어서 상당히 빠르게 변하고 있다. 한국의 정치는 다음과 같은 특징들을 기반으로 변화하고 있다.

첫째, 권위주의이다. 권위주의란 권위(權威, authority)를 내세우거나 권위에 순종하는 태도를 가리킨다. 이 권위주의는 소수의 엘리트가 권력을 차지하고 국민들에게 복종을 강요하는 형태로 나타난다. 이러한 권위주의는 가부장적 제도와 관념, 강력한 중앙집권적 정치 문화, 유교의 위계질서 중시 등에 뿌리를 두고 있다. 권위주의적 성향은 근대화 과정에서 관료적 권위주의 형태로 나타났다. 고위 공직자들이 권위를 내세우며 일방적으로 정책을 결정하고 국민들에게 좋든 싫든 그것을 따르도록 하는 것이 관료적 권위주의의 예라 할 수 있다. 그러나 최근에는 한국 정치에서 이러한 권위주의가 많이 약해졌다. 국민들의 정치에 대한 관심이 높아지고 인터넷 매체를 통해 정치적 이슈들에 대해 시민들 간 서로 소통하고 연대할 기회가 늘어나고 있기 때문이다.

둘째, 파벌주의이다. 한국의 파벌주의는 혈연, 지연, 학연 등에 기반을 두고 있다. 특정 지역에 기반을 둔 특정 인물을 중심으로 파벌이 형성되는 경우가 있다. 파벌주의는 지역적 배타주의를 낳고, 선거에서 지역감정을 유발한다. 또 정책이나 시스템에 의해 정치를 하는 것이 아니라 인물 중심으로 정치를 하는 것도 한국 정치의 특징이다. 그래서 선거 때마다 정책을 보고 투표하기보다는 인물을 보고 투표하는 경향이 강하다.

셋째, 시민들의 저항성이다. 시민들의 저항성은 '홍익인간'과 '민본주의', '동학사상' 등으로부터 큰 영향을 받았다. 홍익인간은 한국인의 시조인 단군이 내세운 정치 이념으로 '널리 사람들을 이롭게 한다'는 뜻이다. 왕 자신만 잘사는 것이 아니라 모두가 잘살아야 한다는 이념이다. 또 조선 시대의 유교는 '민본(民本)' 즉 백성(국민)을 중시하는 이념이다. 19세기에 나타난 동학사상의 기본 이념도 '인내천(人乃天)', 즉 백성이 바로 하늘이라는 생각이다. 이 때문에 아무리 큰 권력을 가지고 있는 지도자라 해도 자신의 이익만 추구하고 국민들을 외면하면 국민들은 그 지도자를 용납하지 않는다. 이러한 생각 때문에 한국인들은 4·19혁명이나 5·18 광주민주화운동, 6월 항쟁, 촛불혁명 등을 통해 한국적 민주주의를 정착시켜 올 수 있었다.

넷째, 정치권력이 미국에 의존하는 경향이 강하다는 것이다. 해방 이후부터 오늘날까지 미국은 한국의 정치에 큰 영향을 미쳤다. 그래서 한국인들 중 일부는 지금도 미국과 무조건 잘 지내야 한다고 믿고 있다. 그러나 한국이 전략적으로 중요한 위치에 있고 국가의 위상도 점차 높아짐에 따라 최근에는 미국과의 관계도 일방적으로 미국에 의지하는 경향에서 벗어나고 있다.

현대 한국의 정치 문화는 사회구성원 대부분이 참여적 정치 성향을 지닌다. 많은 한국인들이 정치에 큰 관심을 갖고 있다는 말이다. 그러나 정치에 대하여 관심은 있지만 능동적으로 정치에 참여하지 않는 사람도 있고, 정치에 아예 관심이 없는 사람들도 있다. 정치권에서는 간혹 정치 혐오를 유발하여 시민들이 정치를 '더러운 것'으로 여기게 해 왔다. 시민들로 하여금 정치로부터 등을 돌리도록 하는 것이다. 그러나 온라인 매체 이용이 늘어나고 온라인을 통해 다양한 정보와 의견이 공유되면서 정치권의 이러한 간계가 세상에 드러나게 되었다.

정치를 발전시키기 위해서는 시민들의 자발적인 정치 참여도 중요하지만 언론이 객관적이고 비판적인 시각을 갖고 정치권과 시민들 사이에서 균형을 잡아 줄 필요가 있다. 그러나 근래 한국의 언론들은 기득권 계층을 옹호하는 데에만 힘을 쏟고 있어 시민들로부터 많은 비판을 받고 있다.

- 가부장적: 한 집안의 아버지가 가족에 대해 절대적인 권력을 갖고 행사하는 가족 형태. 또는 그런 지배 형태. 家父長的. patriarchal.
- 위계질서: 직책이 높고 낮음에 따른 질서. 位階秩序. order of rank.
- 연대하다: 여럿이 함께 무슨 일을 하다. 連帶하다. be in unity.
- 파벌: 이해(이로움과 해로움)를 기준으로 갈라진 집단. 派閥. faction.
- 혈연: 같은 핏줄에 의하여 연결된 인연. 血緣. kinship.
- 지연: 출신 지역에 따라 연결된 인연. 地緣. regionalism.
- 학연: 출신 학교에 따라 연결된 인연. 學緣. school relations.
- 배타주의: 남을 배척하는 사상 경향. 排他主義. exclusivism.
- 혐오: 싫어하고 미워함. 嫌惡. disgusting.
- 유발하다: 어떤 일이 원인이 되어 다른 일을 일어나게 하다. 誘發하다. trigger.
- 용납하다: 너그러운 마음으로 남의 말이나 행동을 받아들이다. 容納하다. tolerate.
- 간계: 간사한 계획. 奸計. trick.
- 언론: 방송 매체나 인터넷 매체를 통해 어떤 사실을 밝혀 알리거나 여론을 형성하는 활동. 言論. the press.
- 옹호하다: 두둔하고 편들어 지키다. 擁護하다. advocate.

2) 한국의 민주화 Democratization

GDP(Gross Domestic Product)와 같은 경제 지표는 한 사회의 발전 정도를 가늠하는 중요한 지표이다. 그러나 그것만으로 어떤 사회의 발전 여부를 단정할 수는 없다. 경제성장 외에도 자유나 인권과 같이 인간다운 삶을 살기 위한 조건도 갖추어야 한다.

한국 사회는 경제성장을 위해 민주주의를 억압한 슬픈 역사를 지니고 있다. 1970년대에서 1980년대까지, 한국 사회는 눈부신 경제성장을 이루었다. 그러나 정치적으로는 후진성을 면하지 못했다. 해방 이후 한국 사회에서는 산업화를 경제성장의 핵심적인 방법으로 여겨 왔다. 반면 산업화를 빨리 이루기 위해서는 자유, 인권과 같은 가치를 희생해도 괜찮다고 여겼다. 그러한 생각을 갖고 있는 사람들이 아직도 적지 않다.

이승만이 부정선거로 오랫동안 집권하려 하였으나 1960년 4월에 학생들을 중심으로 4·19혁명이 일어난다. 이듬해 쿠데타로 집권한 박정희 정권은 경제성장만이 나라를 발전시키는 최선의 방법이라면서 시민들의 민주화 요구를 억압하였다. 특히 1972년에는 '유신헌법'을 만들었다. 대통령이 헌법을 고쳐 모든 권력을 좌지우지하고 대통령에게 반대하는 목소리를 원천적으로 차단한 것이다. 또 국회와 사법부도 대통령이 마음대로 하는 시스템을 갖추었다. 이 시스템을 '유신 체제'라 하는데, 1979년 박정희 대통령이 죽자 유신 체제가 끝이 났다. 많은 한국인들은 유신 체제가 끝나면 곧 민주주의가 실현될 것이라고 기대하였다. 그러나 박정희와 마찬가지로, 군인이었던 전두환이 쿠데타로 대통령이 되면서 독재의 시대는 계속되었다.

1980년은 한국의 민주화 과정에서 아주 큰 희생이 있던 해였다. 쿠데타로 대통령이 된 전두환은 민주화를 요구하는 광주 시민들을 폭도로 규정하여 무력을 동원해 무고한 시민들을 무참히 학살하였다. 1987년 6월에는 군사 독재 정권의 퇴진을 요구하며 또 한 번의 민주화 운동이 일어났는데, 이를 '6·10 항쟁' 또는 '6월 항쟁'이라 한다. 이때를 기점으로 한국에서는 본격적인 민주화가 이루어졌다고 할 수 있다. 국가의 주인이 국민이고 그러한 국민의 마음인 '민심'을 제대로 돌보지 않으면 어떤 세력이든 오래갈 수 없게 된 것이다.

이제 한국 사회는 제도적인 측면에서 민주주의 사회의 모습을 갖추게 되었다. 많은 사람들의 투쟁과 희생, 시민 사회의 정신적 성숙이 있었기 때문에 한국에서 민주주의를 실현할 수 있었다. 그러한 희생과 성숙이 있었기에 그야말로 '범국민적'이라고 부를 만큼 감동적인 대규모 시민 참여와 민주화 운동이 가능했고 이를 통해 권위주의 통치에서 벗어날 수 있었다.

한국의 빠른 정보화 속도도 한국의 민주주의 정착에 크게 기여하였다. 온라인 시민 사회와 온라인 공론장의 등장은 새로운 참여 민주주의의 가능성을 열어 놓았다. 짧은 기간 동안 민주화와 산업화를 동시에 이룩한 한국 사회는 이제 정보사회와 팬데믹이라는 새로운 상황 속에서 '민주화 이후의 민주주의'를 실현해야 하는 과제를 안고 있다.

- 지표: 기준 따위를 나타내는 수치. 指標. indicator.

- 가늠하다: 목표나 기준에 맞고 안 맞음을 헤아려 보다. estimate.

- 부정선거: 정당하지 못한 수단과 방법으로 행해진 선거. 不正選擧. rigged election.

- 좌지우지하다: 이리저리 제 마음대로 다루다. 左之右之하다. dominate.

- 원천적: 근본적. 源泉的. fundamentally.

- 폭도: 폭동을 일으키거나 폭동에 가담한 사람의 무리. 暴徒. mob.

- 공론장: 사회 구성원들이 토론을 통해 합의를 이끌어 내는 논의 공간. 公論場. public sphere.

- 참여 민주주의: 국가 정치에 대하여 국민이 스스로 권력을 행사하고 참여하는 형태의 정치 제도. 參與民主主義. participatory democracy.

연습문제

1. 1960년 4·19혁명의 의미에 대해 설명해 보자.

2. 1970년대 유신 체제 당시 한국인들에게 어떠한 정치적 억압이 있었는지 조사해 보자.

3. 한국의 민주화 운동을 배경으로 한 영화(박하사탕, 변호인, 택시운전사, 아버지의 이름으로, 1987) 중 한 편을 보고 감상문을 써 보자.

4. 인터넷과 같은 온라인 공간의 등장이 한국의 민주주의에 미친 영향에 대해 설명해 보자.

5. 아래에서 맞는 것에는 ○표, 틀린 것에는 ×표 하시오.
   1) 유신 체제는 1970년에 막을 내렸다. (   )
   2) 1987년 이전에 한국은 군사 독재정권이 지배하였다. (   )
   3) 한국은 경제 성장과 산업화를 위해 민주화를 억압한 역사가 있다. (   )
   4) 한국의 민주주의는 대통령이 주도하여 이루어졌다. (   )

3) 한국의 산업화와 경제성장 Economic development

1950년대까지만 해도 한국은 전통적인 농업 국가였다. 조선 시대 말기부터 시작된 일본의 수탈 때문에 한국은 산업의 근대화를 시도해 볼 기회조차 없었다. 또 1950년대 한국은 6·25 전쟁을 겪으면서 전쟁의 상처와 지독한 가난만이 남은 폐허 상태의 나라였다. 1961년 박정희 정권이 출범하면서 본격적인 산업화가 시작되었다. 1962년 제1차 경제개발 5개년 계획을 시작으로 국가가 시장 경제에 적극적으로 개입하는 한국식 경제성장이 시작되었다.

이후 한국은 연평균 9%의 높은 경제성장률을 기록하면서 불과 30여 년 만에 '한강의 기적'이라고 불리는 눈부신 경제발전을 이룩하였다. 한국 경제성장의 특징은 '초고속 성장'이다. 정부가 주도하여 수출 위주의 정책을 추진했기 때문이다. 한국은 천연자원이 부족한 나라이다. 그 대신 숙련된 노동력이 풍부하여 해외에서 자본이나 원자재를 도입, 가공해서 수출하는 가공무역에 힘써 왔다. 기업들도 정부의 지원을 등에 업고 1960년대 중반부터 산업화에 필수적인 철강, 석유화학 분야에서 공업화를 함께 추진했다. 투자를 확대하고 저임금의 풍부한 노동력을 기반으로 고도성장을 이루었다. 교육열이 높고 자기 역사에 대한 자부심이 큰 한국인들은 열심히 일하였고, 자신들의 세대에 이전과는 달라진 나라를 만들 수 있었다.

그러나 산업화가 이룩한 고도성장에는 빈부격차나 노동자의 인권 탄압 같은 심각한 부작용이 있었다. 이러한 산업화의 어두운 그림자에도 불구하고 1980년대 이후 한국 경제는 반도체, 컴퓨터 등 첨단산업과 기계, 전기, 자동차 등 고기술, 고부가가치 산업 중심으로 경제발전을 이어 왔다.

1990년대 이후 신자유주의라 불리는 전세계적인 차원의 자유방임적 시장경제 체제가 강화되었다. 한국에서도 수입이 자유화되면서 무한 경쟁 시대에 들어갔다. 또 한국 경제의 가장 큰 문제점인 재벌 중심의 정경유착은 1990년대 한국 경제를 위기로 몰아가 1997년 국제통화기금(IMF)의 구제금융을 요청하는 사태로 이어졌다. 그러나 정부와 기업, 그리고 국민이 힘을 합쳐 이러한 위기를 극복한 결과 한국 경제는 2000년 이후 활력을 되찾고 장기적인 저성장시대에 들어섰다. 현재 철강, 자동차, 반도체, 가전제품, 휴대폰, 조선 등은 세계 시장에서 뛰어난 경쟁력을 갖추고 있다. 특히 삼성이나 LG 같은 기업은 반도체(semiconductor)와 가전제품 영역에서, 현대나 기아와 같은 기업들은 자동차 영역에서 지속적으로 기술 경쟁력을 강화하여 전 세계에서 시장 점유율을 높여 오고 있다. 또 반도체와 2차전지, 백신 등의 바이오 산업에 대해 정부에서 적극적인 지원을 하고 있어 이 분야에서 한국의 경쟁력이 더욱 높아질 것으로 전망된다.

- 출범하다: 어떤 집단이 새로 만들어져서 일을 시작하다. 出帆하다. launch.
- 천연자원: 석탄, 석유, 목재 등과 같이 자연 상태에 존재하는 물자나 에너지. 天然資源. natural resources.
- 자본: 상품을 만드는 데 필요한 생산 수단이나 노동력을 통틀어 이르는 말. 資本. capital.
- 원자재: 어떤 물건을 만드는 데 필요한 원료가 되는 자재. 原資材. raw materials.
- 가공무역: 외국에서 원자재나 반제품을 수입하여 완제품으로 만든 뒤, 다시 수출하는 방식의 무역. 加工貿易. processing trade.
- 부작용: 어떤 일에 부수적으로 일어나는 바람직하지 못한 일. 副作用. side effect.
- 자유방임적: 각자의 자유에 맡겨 간섭하지 않는. 自由放任的. laissez faire.
- 신자유주의: 정부가 시장에 개입하는 대신 시장의 자유로운 경쟁 체제를 강화하려는 사상. 新自由主義. Neoliberalism.
- 위축: 어떤 힘에 눌려 졸아들고 기를 펴지 못함. 萎縮. shrinking.
- 호황: 경제 상황이 좋음. 好況. economic boom.

연습문제 ————————————————————————

1. '한강의 기적'은 한국 사회의 어떠한 측면을 상징하는 표현인가?

2. 한국 정부가 '초고속 성장'을 위해 추진한 전략을 무엇인가?

3. 한국이 세계에서 손꼽히는 IT 강국이라는 점을 확인할 수 있는 구체적인 예를 말해 보자.

4. 1997년 IMF 구제금융이 한국 경제에 미친 영향과 그 극복 과정에 대해 조사해 보자.

5. 아래에서 맞는 것에는 ○표, 틀린 것에는 ×표 하시오.

　　1) 한국은 전통적으로 산업사회였다. (　　)

　　2) 한국사회의 산업화는 1970년대에 들어 본격적으로 추진되었다. (　　)

　　3) 한국은 고유의 자동차 브랜드를 갖고 있다. (　　)

8. 한국의 교육과 직업

1) 교육열과 교육 제도

(1) 시대별 교육 문화의 변천

한국 사람들은 흔히 '자식 농사가 최고'라는 말을 한다. 한국의 5천원권에는 조선 시대의 훌륭한 학자 이이(1536~1584)의 초상화가 그려져 있다. 또 한국에서 가장 높은 금액의 지폐 5만원권에는 '신사임당'의 초상화가 그려져 있다. 신사임당은 바로 이이의 어머니이다. 신사임당(1504~1551)은 그림을 잘 그리고 글씨도 잘 썼는데, 특히 자식 교육을 잘 시켰다고 높이 평가된다. 자식을 훌륭하게 교육한 어머니인 신사임당을 5만원권에 사용하고 있는 것에서 알 수 있듯이 한국에서는 자식 교육을 매우 중시한다.

1970년대는 한국이 경제적으로 한창 발전하던 시기였다. 지금도 그렇지만 당시에도 한국인들의 교육열은 상당히 높았다. 가난한 시골에서도 아들을 대학에 보내기 위해 소를 팔아 자식의 대학 등록금과 하숙비를 마련했다. 당시에는 사교육보다 공교육(학교 교육) 위주로 교육이 이루어졌기 때문에 학교 선생님들의 사회적 지위도 높았다. 학교의 생활 규범도 엄격하여 중고등학교 학생들 모두 교복을 입고 두발 규정도 엄격하던 시대였다.

1980년대 이전에는 보통 한 집에 여러 명의 자식들이 있었다. 집안이 넉넉지 않은 집에서는 그중 한 명의 자식 교육에 집중적으로 투자를 하였다. 당시에는 대학 등록금이 비싸기도 하였지만 고등학교를 졸업하고 대학에 진학하는 것이 일반적이지 않았다. 오히려 고등학교를 졸업하고 곧바로 취업을 하는 사람이 많았다. 또 1980년대까지는 한국의 산업 중 농업이 차지하는 비중이 여전히 높았다. 농사를 지으려면 노동력이 필요하기 때문에 대학에 가지 않고 농삿일을 돕는 자녀들이 많았다. 특히 여성에게는 교육의 기회가 공평하게 부여되지 않았기 때문에 여성이 대학에 진학하는 일은 매우 드물었다.

21세기에 들어서 한국의 경제는 더욱 발전하고 있다. 또 지속적인 경제성장과 저출산으로 자식 교육에 대한 열기는 더욱 심해지고 있다. 자녀의 수가 줄어들다 보니 남자건 여자건 모두 공평하게 대학 진학의 기회를 얻게 되었다.

- 권: 종이로 된 돈. 券. bill.
- 하숙비: 남의 집에 머물면서 먹고 자며 내는 돈. 下宿費. board charge.

(2) 기러기 아빠

한국에서는 아이를 임신하면 엄마 뱃속에 있을 때부터 엄마가 좋은 음악을 듣거나 좋은 책을 읽어 태교를 한다. 아이가 태어나면서부터 글자를 가르치기 위해 비싼 돈을 들여 책을 구입한다. 유치원 때부터 각종 예능교육과 외국어 교육을 시킨다. 방학 때에는 외국에 어학 연수도 간다. 더 좋은 교육을 시키겠다며 엄마가 아이들을 데리고 외국 유학을 떠나 아빠는 홀로 직장에서 돈을 벌어 보내는 '기러기 아빠'도 많았다. 기러기 아빠는 1990년대 조기 유학, 즉 어린 나이에 미국 등 다른 나라로 유학하러 가는 것이 유행일 때 생겨난 말이다. '기러기 아빠'라는 명칭은 평소에는 한국에 머물며 돈을 벌다가 일년에 한두 번 가족이 있는 외국으로 날아가는 것이 마치 철새인 기러기가 철따라 날아다니는 것과 같다고 하여 붙여진 이름이다. 그러나 근래에는 예전처럼 조기 해외 유학을 하는 사례가 많지 않아 기러기 아빠도 드물어졌다.

- 태교: 엄마가 뱃속의 아이에게 좋은 영향을 주기 위하여 마음을 바르게 하고 언행을 삼가는 일. 胎教. prenatal education.
- 예능교육: 음악, 미술 등 예술과 관련된 능력을 길러주는 일. 藝能教育. art education.

- 기러기: 가을에 한국에 와서 봄에 시베리아 쪽으로 가는 겨울 철새. 雁. wild goose.
- 철새: 계절을 따라 이리저리 옮겨 다니며 사는 새. migratory bird.

(3) 스카이 캐슬

한국의 높은 교육열은 특히 대학 입학시험에서 단적으로 확인할 수 있다. 2018년에 방영된 〈스카이 캐슬〉(중국에서는 '天空之城'이라는 이름으로 알려졌다)이라는 드라마는 한국의 의대 입시와 사교육의 실태를 극단적으로 보여준다. '스카이'는 '하늘'을 뜻하여 남들보다 좋은 교육을 받는 것을 의미하기도 하고 이른바 '명문대'라고 하는 서울대(S), 고려대(K), 연세대(Y)를 뜻하기도 한다.

한국의 대학 입시는 크게 학생부를 근거로 학생을 선발하는 '수시'와 대학수학능력시험 점수로만 학생을 선발하는 '정시'로 구분된다. 수시는 학생부에 좋은 이력을 기록하기 위해 부모의 사회적 지위를 이용하여 논문이나 각종 활동 이력을 보다 손쉽게 얻을 수 있다는 문제점이 있다. 이 때문에 최근에는 수시의 문제점에 대한 비판이 적지 않다.

- 방영: 텔레비전으로 방송을 하는 일. 放映. broadcast.
- 명문대: 이름이 널리 알려진 좋은 대학. 名門大. prestigious universities.
- 학생부: 학교 생활 기록부. 學生簿. a transcript of school records.
- 수시: 일정하게 정하여 놓은 때 없이 대학별로 정한 기준에 따라 학생을 선발하는 것. 隨時. nonscheduled admissions.
- 대학수학능력시험: 대학에서 공부할 수 있는 능력이 있는 학생을 선발하기 위하여 교육부에서 해마다 실시하는 시험. 大學修學能力試驗. College Scholastic Ability Test.
- 정시: 나라에서 정한 일정에 따라 수능 점수로 학생을 선발하는 것. 定時. regular admissions.

1. '기러기 아빠'는 무엇을 가리키는가?

2. 자신의 나라의 교육열을 잘 보여주는 사례를 말해 보자.

2) 한국의 직장 생활과 직업

한국의 직장인들은 스스로 세계에서 가장 바쁜 사람들이라고 표현한다. 최근 남성 직장인들을 대상으로 한 여론조사에서도 가정보다는 직장 일을 우선시할 만큼 일에 대한 애정이 남다르다. 일반적으로 직장인들은 오전 9시에 출근하여 오후 6시까지 일한다. 그러나 요즘에는 '탄력 근로제'를 시행하는 직장도 늘고 있다. 탄력 근로제는 '탄력 시간 근로제'라고도 하는데, 특정한 날에 더 오래 일하는 대신 다른 날 더 짧게 일하는 것이다. 이런 식으로 일주일의 총 근로시간을 기준근로시간(40시간) 내로 맞추는 제도가 탄력 근로제이다. 예를 들어 월요일에는 6시간 일하고 화요일에는 10시간 일하는 식으로 일주일에 40시간을 채우는 방식이다. 대부분의 직장은 9시에 출근하여 6시에 퇴근하지만 탄력 근로제를 시행하는 직장에서는 10시에 출근해서 7시에 퇴근하거나 8시에 출근해서 5시에 퇴근할 수도 있다.

2004년 이전 한국의 직장에서는 일주일에 6일 출근했다. 그러다가 2004년경부터 토요일에는 직장에 출근하지 않고 쉬게 되면서 일주일에 5일만 일하게 되었다. 이를 '주5일제' 또는 '주5일근무제'라 한다. 학교도 점차적으로 주5일 수업을 시행해 지금은 모든 학교와 대부분의 직장이 주5일 수업, 주5일 근무를 하고 있다. 최근에는 출근하는 날을 더 줄여서 주4일 근무를 해야 한다는 의견도 활발히 논의되고 있다.

최근 한국의 경제구조는 농어업의 비중이 크게 줄어드는 반면 서비스업 등의 직종이 급격하게 늘어나고 있다. 1960~1970년대 근로자들과 달리, 경제성장의 혜택을 받고 자라난 젊은 세대들은 이른바 3D 업종이라 하는 더럽고(Dirty), 어렵고(Difficult),

위험한(Dangerous) 일을 기피하는 현상이 늘고 있다. 그래서 최근에는 3D 업종에 외국인 근로자가 늘어나는 추세다.

한국인들은 직업을 선택할 때 '안정성'을 가장 중요하게 여기고, 두 번째로 '수입'을, 그리고 다음으로 '보람'과 '발전'을 염두에 둔다고 한다. 예전에는 직장 상사에 대한 복종을 미덕으로 여겼으며 한 직장에서 오래 충실하게 근무하는 것을 바람직하다고 여겼다. 그러나 요즘에는 창의력과 개인별 능력에 따라 보수를 지급하고 승진시키는 기업이 점차 늘어나면서 '평생직장'이라는 개념도 약화되어 가고 있다.

한국 사람들은 '직업에 귀천이 없다'고 하지만 선망하는 직업이 없는 것은 아니다. 의사, 법조인, 대학교수 등을 흔히 '전문직'이라고 하는데, 전문직은 높은 수준의 교육을 받아야 하고 그에 따라 소득 수준도 높은 직업이다. 그러나 최근에는 전통적인 의미에서의 전문직의 경계가 허물어지고 있다. 낮은 경제성장률과 인공지능(Artificial Intelligence)의 등장으로 의사나 법조인, 대학교수도 더 이상 좋은 직업으로 보장받을 수 없게 되었다. 이러한 불안정한 시대에 사람들은 급여가 다소 낮더라도 보다 안정적인 직업을 선호하게 되었다. 즉 정년과 급여, 노후 연금(年金)이 보장되는 직업이다. 그래서 최근 젊은이들은 '공무원'을 가장 선망하는 직업으로 꼽고 있다. 또 한국에서는 연예인의 인기가 높아 가수나 방송인을 꿈꾸는 사람들도 적지 않다. 한국에서는 많은 돈을 벌 수 있고 안정적이며 사회적으로 인정을 받고 여가가 많은 직업을 좋은 직업으로 꼽는 경향이 있는데, 이러한 조건을 충족하는 가장 좋은 직업이 '건물주'라는 우스갯소리가 있기도 하다.

대학생이 취업 정보를 얻기는 어렵지 않다. 대학마다 '취업정보센터'가 있어 도움을 받을 수 있다. 취업정보센터에서는 자신이 어떤 분야에 적성과 능력이 있는지도 알아볼 수 있다. '사람인', '인크루트' 등 인터넷 사이트에서도 취업 정보를 얻을 수 있다.

• 탄력 근로제: 직장에서의 근무 시간을 자율적으로 정하는 제도. 彈力勤勞制. flexible working.

• 염두에 두다: 마음의 속에 두고 고려하다. 念頭에 두다. bear in mind.

• 귀천: 신분이나 일 따위의 귀함과 천함. 貴賤. the noble and the mean.

• 선망하다: 부러워하여 바라다. 羨望하다. envy.

• 법조인: 법률 사무에 종사하는 사람. 판사나 변호사 등을 가리킨다. 法曹人. judicial officer.

- 정년: 관청이나 학교, 회사 등에 근무하는 직원이 직장에서 물러나도록 정해져 있는 나이. 停年. retirement age.

- 급여: 일을 한 대가로 받는 돈이나 물품. 給與. salary.

- 연금: 직장에 근무한 기간에 따라 정년 이후 받게 되는 돈. 年金. pension.

연습문제

1. 자신의 나라에서 사람들이 선호하는 직업이 무엇인지 발표해 보자.

2. 자신이 원하는 직업이 무엇인지, 그 직업에 취업하기 위해 어떠한 노력을 하고 있는지 이야기해 보자.

Travel
&
Entertainment

9. 한국의 스포츠와 관광

1) 한국의 스포츠 Sports

대부분의 동아시아 사람들과 마찬가지로 한국인들은 동적이고 과격하기보다는 정적이고 민첩성이 뛰어나다. 이 때문에 한국인들은 정적인 운동인 양궁과 골프에 능하고, 민첩성이 요구되는 스피드스케이팅이나 탁구에도 능하다. 한국의 양궁은 1988년도 서울올림픽 때부터 두각을 드러내 지금까지도 세계 정상의 위치를 차지하고 있다. 골프 또한 박세리 선수가 LPGA 경기에서 여러 차례 우승을 하였고, 이후 한국 선수들이 여러 대회를 석권하고 있다. 김연아가 2010년 밴쿠버 동계올림픽에서 피겨스케이팅 금메달을 획득하면서 불모지나 다름없던 피겨스케이팅에도 관심을 갖게 되었다.

한국인 중에는 동적이고 과격한 운동에서도 두각을 나타내는 운동선수도 있다. 바로 축구 선수들이다. 한국 축구 역사에서 세계적으로 이름을 알린 초기 인물은 차범근이다. 그는 1970년대 말부터 1980년대 말까지 독일 분데스리가(Bundesliga)에서 활동하며 크게 활약하여 독일인들에게는 '차붐'으로 잘 알려졌다. 현재는 축구 해설위원으로 활동하고 있는데, 지금까지도 '차붐'을 기억하는 독일인들이 많다. 2002년 한일 월드컵 때 한국은 4강에까지 오르는 위업을 달성하였다. 당시 코치를 맡았던 박항서는 베트남 국가대표 감독으로 부임하면서 베트남 축구 발전에 크게 기여하였다고 평가된다.

2002년 월드컵 때 뛰어난 실력을 보여 준 박지성 선수가 네덜란드 아인트호번(Eindhoven)과 영국 맨체스터 유나이티드(Manchester United)에서 활약하면서 축구계에 이름을 알렸다. 최근에는 손흥민 선수가 독일을 거쳐 영국 토트넘(Tottenham) 팀에서 활약하고 있다. 한국인들은 이러한 축구 선수들에게 큰 관심을 보이고 있다. 그래서 잠을 안 자고 유럽 축구 리그를 시청하는 사람들이 많다.

한국에서는 어렸을 때부터 많은 아이들이 태권도 학원에 다니며 태권도를 배운다. 태권도는 한국의 전통 무예를 바탕으로 만든 스포츠로 2000년 시드니 올림픽 때부터 정식 종목으로 채택되었다. 또 군대에 가는 한국 남성들은 대부분 태권도를 배운다. 현재는 180개국에서 5천만 명 이상이 태권도를 배우고 있다.

한국의 전통적인 스포츠로 지금까지 이어지고 있는 것은 '씨름'(Korean wrestling)이다. 고구려 때의 무덤에서 씨름하는 그림이 발견되었는데, 이것으로 보아 씨름은 삼국시대 이전부터 있었던 것으로 추정된다. 두 명의 남자가 샅바나 옷을 잡고 상대방을 넘어뜨려 상대방의 팔이나 상반신이 땅에 닿으면 이기는 경기이다. 씨름은 전통적으

김홍도, 〈씨름〉(국립중앙박물관)

로 남자들의 스포츠로 여겨져 왔는데, 최근에는 여자 씨름 대회도 있다. 한국에서 씨름 대회는 주로 추석 때 이루어지며 텔레비전을 통해 중계된다. 씨름은 다른 장비가 필요 없이 간편하게 할 수 있다는 장점이 있다. 얼핏 보면 무조건 힘이 센 사람이 이길 것 같지만 꼭 그렇지는 않다. 상대방의 힘을 잘 이용할 줄 알아야 경기에서 이길 수 있다. 요즘에는 아이들이 장난 삼아 씨름을 하기도 하지만 씨름 선수 외에 씨름을 하는 사람은 많지 않다.

- 민첩성: 재빠르고 날쌘 성질. 敏捷性. agility.
- 두각: 뛰어난 재능을 비유적으로 이르는 말. 頭角. prominence.
- 불모지: 어떠한 사물이나 현상이 발달되어 있지 않은 곳. 不毛地. wasteland.
- 석권: 빠른 기세로 세력 범위를 넓힘. 席卷. sweep.
- 위업: 위대한 업적. 偉業. great achievement.

2) 한국인의 여가 생활 Leisure

한국인들은 일이나 공부를 할 때에도 바쁘게, 열심히 하지만 놀 때도 바쁘게, 열심히 논다. 그래서 하루 종일 직장에서 열심히 일하고, 퇴근 후에 밤늦게까지 술을 마시고 노래방에 가서 열심히 논다. 아이가 있는 가정에서는 일주일 내내 직장에서 일한 아빠가 주말에는 가족들과 함께 캠핑을 떠나기도 한다. 방학 때 해외여행을 떠나는 학생들도 많은데, 한국 학생들의 여행 스케줄을 보면 일을 열심히 하듯 여기저기 바쁘게 돌아다니는 것을 알 수 있다.

한국인의 여가 시간은 갈수록 늘어나고 있기는 하지만 2020년 기준 하루 평균 5시간이 조금 안 된다. 이는 OECD 평균보다 낮은 수준이다. 그럼 일반적으로 한국인들은 여가 시간을 어떻게 보낼까? 한국인들이 여가 시간에 가장 많이 하는 활동은 TV 시청이다. 인터넷 검색, 게임, 산책, 음악감상 등이 그 다음 순서로 많이 하는 여가 활동이다.

대부분의 대도시에는 영화관과 공연장이 있다. 특히 서울에는 영화관과 공연장, 미술관, 박물관이 밀집되어 있어 볼거리가 풍성하다. 한국의 영화관은 CGV, 롯데시네

마, 메가박스와 같이 도시마다 체인점이 있는 대형 영화관이 있고, 독립영화를 상영하는 작은 영화관도 많다. 공연장은 주로 서울의 대학로에 밀집되어 있으며, 미술관 가운데는 서울 예술의 전당의 '한가람미술관', 과천의 '국립현대미술관', 이태원의 '삼성 리움미술관' 등이 규모가 큰 미술관이다. 한국의 대표적인 박물관은 서울의 중심부에 있는 국립중앙박물관을 들 수 있다. 이 밖에 전국 각지에 크고 작은 미술관과 박물관이 상당히 많아 방문할 만하다.

• 밀집되다: 빈틈없이 빽빽하게 모이다. 密集되다. be concentrated.

3) 한국의 관광 Sightseeing

외국에서 간행된 한국 여행 안내서에서는 한국에서 가볼 만한 곳이나 체험할 만한 것으로 창덕궁, 보령머드축제, 제주 올레길, 화성 행궁, 광장시장, 불국사, 한옥마을, 판문점 등을 들고 있다. 이러한 곳들은 볼거리가 풍성하고 흥미로운 곳이기는 하지만 그만큼 찾는 사람들이 많아 붐비기도 한다.

팬데믹 상황에서는 지역 축제가 제대로 열리고 있지 않지만 한국에는 지역마다 다양한 축제가 있다. 그중 가장 유명한 것이 보령머드축제이다. 충청남도 보령의 대천해수욕장에서 매년 7월 하순에 열리는 이 축제는 피부 미용에 특히 좋다는 바다의 진흙(mud)을 몸에 바르고 흥겹게 즐기는 축제이다. 이 밖에도 일년 내내 이루 헤아릴 수 없이 많은 지역 축제가 있다. 다음은 그중 대표적인 지역 축제 몇 가지를 정리한 것이다.

축제명	일정	지역
화천 산천어 축제	1, 2월	강원도 화천
제주 들불 축제	3월	제주
진해 군항제(벚꽃 축제)	3, 4월	경남 진해
고양국제꽃박람회	4월	경기도 고양
보령머드축제	7월	충남 보령 대천해수욕장

진주 남강 유등축제	10월	경남 진주
부산원아시아페스티벌(한류 축제)	10월	부산
부산불꽃축제	10, 11월	부산
광주세계김치축제	11월	광주
성산일출축제	12, 1월	제주

한국의 대표적인 지역 축제(일정은 변경될 수 있음)

지역 축제 외에도 한국에는 다양한 영화제가 있다. 한국의 대표적인 영화제로 부산국제영화제, 전주국제영화제, 부천국제판타스틱영화제를 들 수 있다. 물론 이 세 영화제 외에도 많은 영화제가 있다.

한편 유네스코(UNESCO)에서는 역사적, 문화적으로 보존의 가치가 있는 곳을 세계문화유산으로 지정해 오고 있다. 한국에도 곳곳에 세계문화유산이 존재한다. 2019년까지 등재된 한국의 세계문화유산 목록은 다음과 같다.

순번	등재 유산 이름	소재지	등재 연도
1	종묘	서울 종로	1995
2	해인사 장경판전	경남 합천	1995
3	석굴암 및 불국사	경북 경주	1995
4	수원 화성	경기 수원	1997
5	창덕궁	서울 종로	1997
6	고창, 화순, 강화 고인돌 유적	전북, 경기	2000
7	경주 역사지구	경북 경주	2000
8	조선 왕릉		2007
9	하회와 양동	경북 안동	2010
10	남한산성	경기 광주	2014
11	백제역사유적지구	충남 공주·부여, 전북 익산	2015
12	산사(山寺), 한국의 산지승원		2018
13	서원		2019

한국에는 지역마다 가 볼 만한 곳이 많다. 여기서는 그중 고즈넉한 곳들을 중심으로

소개해 보고자 한다.

- 붐비다: 좁은 공간에 많은 사람이나 자동차 따위가 어수선하게 움직이다. be crowded.
- 고즈넉하다: 고요하고 아늑하다. quiet and still.

(1) 서울의 궁궐

서울에는 많은 궁궐이 있다. 그 가운데 경복궁, 창덕궁, 창경궁, 경희궁, 덕수궁을 5대 궁궐이라고 한다. 경복궁은 조선 시대에 가장 먼저 지어진 궁궐이다. 경복궁은 임진왜란 때 불에 타게 되는데, 그 전까지 왕이 머물던 곳이며 조선 말기 고종 때에도 잠시 궁궐로 이용되었다. 경복궁을 짓고 나서 얼마 안 있어 창덕궁과 창경궁을 지었다. 창덕궁은 조선의 궁궐 가운데 가장 오랜 기간 동안 이용된 곳이다. 창덕궁을 지은 이후 창경궁을 지었다. 창덕궁과 창경궁은 하나의 궁궐로 이용되었는데 이 두 궁궐은 경복궁의 동쪽에 있다고 해서 '동궐'이라고도 했다. 임진왜란 때 경복궁이 불에 타자 왕

창덕궁 후원의 옛 규장각

은 창덕궁으로 거처를 옮겨 나라를 다스렸다.

한편 창덕궁은 전각(殿閣, stately mansions)과 후원(後苑, the rear garden)으로 구성되어 있는데 전각은 왕과 신하들이 업무를 보던 곳이고 후원은 왕이 휴식을 취하거나 잔치를 하던 곳이다. 특히 후원은 규모가 상당히 크고 한국 전통 정원의 아름다움을 잘 갖춘 곳으로 요즘에도 사람들에게 인기가 높다. 창덕궁과 창덕궁 후원은 1997년에 유네스코 세계문화유산으로 지정되기도 하였다.

경희궁은 임진왜란 직후에 지은 궁궐로 창덕궁과 같은 본궁에 무슨 일이 일어나면 왕이 이곳으로 옮겨와 나라를 다스리려고 지은 궁궐이다. 덕수궁은 경운궁이라고도 하는데, 조선 중기부터 왕들이 가끔씩 들러 머물던 곳이다. 조선 말에 고종이 이곳에서 10년가량 머물면서 많은 서양식 건물을 지었다. 서울에 이렇게 궁궐이 많은 것은 궁궐이 불타는 등 만약의 사태에 대비해 다른 궁궐을 지었기 때문이다.

5대 궁궐 이외에 종묘와 사직도 조선 시대에 중요한 공간이었다. 종묘는 조선 시대 왕과 왕비의 신주(神主, mortuary tablet)를 모시고 제사를 지내던 곳이다. 사직은 농경 사회였던 조선에서 땅의 신에게 제사를 지내던 곳이다. 이 때문에 종묘와 사직은 나라의 근간을 이루는 상징적인 곳으로, 매우 중요하게 여겨지던 공간이었다.

(2) 종묘(宗廟)

종묘는 조선 시대의 왕과 왕비의 신주를 모신 사당(祠堂, shrine)이다. 한국은 전통적으로 농경 사회였기 때문에 농사를 중시했다. 조선 시대에 곡식을 많이 수확할 수 있도록 기원하며 나라에서 제사를 지내던 곳을 '사직'이라 하였다. 종묘와 사직은 매우 중요하게 여겨져서 '종묘사직'이라는 말은 곧 '나라'의 의미로 사용되었다.

종묘는 건축물 자체도 상당히 독특하다. 처음에는 작게 지어졌는데, 시간이 흐르면서 조선 왕의 신주가 늘어나자 양 옆으로 증축하는 방식으로 건물을 확장하여 지금은 좌우로 상당히 긴 모양의 건물이 되었다.

• 증축하다: 이미 지어져 있는 건축물에 덧붙여 더 늘리어 짓다. 增築하다. extend a building.

종묘

(3) 산사, 산지승원

'산사'는 산에 있는 절(Buddhist temple)을, '산지승원'은 산이 많은 곳에 있는 수도원 (monastery)을 가리킨다. 일반적으로 둘 다 '절', 또는 '사찰'이라고 부르며 규모가 조금 더 작은 절을 '암자'라 부르기도 한다. 그런데 그냥 '절'이라고만 하지 않고 앞에 '산'을 붙인 것은 단순히 산 속에 있는 절이기 때문만은 아니다.

산사와 산은 따로 경계가 나누어져 있지 않고 연결되어 있다. 산사의 건축물들은 자연지형을 고려하여 세워져서 주변 지형이나 자연경관과 어울리게 배치되어 있다. 사람이 많지 않은 조용한 곳, 자연경관이 빼어난 곳, 마음을 편안하게 하는 곳을 찾고 싶으면 한국의 산사를 추천할 만하다.

요즘에는 한국 각지의 사찰에서 '템플스테이'(temple stay)를 할 수 있다. 템플스테이란, 사찰에 머물면서 그곳의 일상생활을 직접 겪으며 불교의 전통문화와 수행법을 체험하는 것이다. 문화체육관광부의 '템플스테이' 홈페이지(www.templestay.com)에 가면 한국의 다양한 템플스테이 프로그램을 확인할 수 있다. 체험 비용도 저렴하고 자연 속에서 색다른 전통 문화를 경험해 볼 수 있다는 점에서 추천할 만하다.

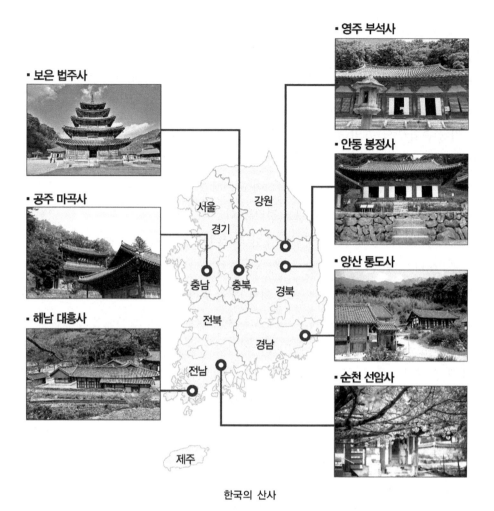

한국의 산사

(4) 등산과 제주 올레길

한국에는 산이 많은 만큼 한국인들은 산을 좋아한다. 등산은 운동도 되고 자연 속에서 신선한 공기를 마실 수도 있기 때문에 한국에서 매우 인기가 높은 취미 활동이다. 한국의 어느 산에 가든 등산복 차림을 한 등산객을 쉽게 만날 수 있다. 한국인들은 대체로 장비를 갖추어야 운동을 제대로 할 수 있다고 생각한다. 그래서 등산 장비며 스포츠 장비에 아낌없이 투자를 한다. 산에 가 보면 알록달록한 등산복을 입은 한국인들을 쉽게 볼 수 있다. 그들이 갖춘 장비를 보면 당장이라도 히말라야에 등반할 수 있을 것 같기도 하다. 비슷한 등산복을 입는 등산객들이 개성이 없어 보일 수도 있지만 한국인들은 유행, 특히 패션에 민감하여 다른 사람들이 입는 좋은 옷을 입고 싶어 한다. 한편 놀러 다니기 좋아하는 한국인들이 팬데믹 상황으로 여행을 마음껏 할 수 없게 되자 캠핑이 더욱 유행하게 되었다. 그래서 캠핑하기에 적합한 자동차, 캠핑 용품이 많이 팔리고 있다.

가장 손쉽게 할 수 있는 야외 활동은 걷기이다. 걷기를 선호하는 한국인들도 많은데, 세계적으로 유명한 트레일(trail)은 한국인들에게 인기가 높다. 팬데믹 상황에서는 실현하기 어렵지만 한동안 스페인 산티아고 순례길(Camino de Santiago)에서 한국인을 만나는 것은 스페인 사람 만나는 것만큼 쉬운 일이었다.

이렇게 걷기를 좋아하는 한국인들이 한국 국내에서 선호하는 트레일이 바로 제주 올레길이다. '올레'는 제주 방언으로 '집으로 통하는 아주 작은 골목'을 뜻한다. 제주에는 또 '오름'이라는 것이 있는데, '오름'이란 '산'을 뜻하는 제주 방언이다. 제주의 산은 한라산 등 몇 개의 산을 제외하고는 대체로 나지막하다. 제주 올레길은 해안을 따라 난 길도 있고 오름을 통과하는 길, 마을을 지나가는 길 등 아주 다양한 루트가 개발되어 있다. 산길도 험하지 않고 바다도 볼 수 있으며 걸을 수 있는 루트를 자유롭게 선택할 수 있기 때문에 자연 속에서 걷기를 좋아한다면 추천할 만하다.

(5) 시장 구경

요즘 한국인들은 대부분 인터넷으로 쇼핑을 한다. 급한 물건은 집 근처의 대형 마트에서 사거나 편의점에서 구입한다. 직접 큰 시장에 가서 물건을 사는 경우는 드물다. 그럼에도 불구하고 시장은 시장만의 분위기와 즐거움이 있는 곳이다.

한국의 전통시장은 서울이나 부산 등 대도시에도 있다. 서울의 영천시장, 광장시장, 가락시장 등이 큰 시장이고 부산에는 국제시장이라는 오래된 시장이 있다. 그러나 이러한 큰 시장 외에 각 지역에는 '오일장'이라는 것이 열린다. 이 오일장은 5일에 한 번씩 임시로 서는 시장으로 지역마다 장이 서는 날이 다르다. 매월 2일, 7일, 12일, 17일, 22일, 27일과 같이 5일마다 한 번씩 시장이 들어선다. 이렇게 정해진 날에 시장이 들어서는 것을 '장이 선다'고 하고 장이 서는 그날을 '장날'이라고 한다.

오일장은 지역마다 다른 특색을 갖고 있다. 시골의 정취를 느낄 수 있고, 도시에서 보기 어려운 물건들을 다양하게 구경할 수 있는 곳이다. 그 지역 사람들이 어떻게 사는지, 요즘에는 어떤 물건이 많이 나는지, 그리고 시골의 인심이 어떤지를 알고 싶으면 오일장에 가 보는 것을 추천한다.

10. 한국의 대중문화와 한류

1) 한국의 대중음악 Pop music

한국인들은 다른 나라 사람들에 비해 노래하고 춤추는 것을 특히 좋아한다. 이러한 한국인의 특성은 예전 중국의 기록에도 등장할 정도이다. 외국에 나가 살아도 한국인이 많이 사는 곳에는 노래방이 있다고 한다. 한국의 거리에는 노래방, 음악학원, 피아노학원 등 음악과 관련된 업종의 간판을 쉽게 찾아볼 수 있다.

일제강점기 이전에 한국에서 주로 불리던 노래는 민요였다. 한국의 대중음악은 1950년대 이후 '트로트'가 인기를 끌었고 1970년대부터 젊은이들이 자유, 낭만을 갈구하며 통기타에 청바지, 그리고 장발 등 색다른 젊은 대중문화를 선보였다. 1970년대 후반, 대학가요제의 등장으로 대중음악이 활성화되었는데 당시의 대표적인 가수로 양희은, 조용필, 이선희 등을 들 수 있다.

해외에 많이 알려지지는 않았지만, 한국 대중음악은 1990년대에 들어서 전성기를 구가했다. 〈가요톱텐〉 등 가요 순위 TV 프로그램이 큰 인기를 끌었고 김광석, 김건모, 신승훈 등의 노래는 당시 젊은이들의 삶 속에 깊이 뿌리내렸다. 한국의 남성들은 20대 초반에 대부분 군대에 가야 하는데, 훈련소에 입소하는 남자들은 모두 〈이등병의 편지〉를 불렀고, 사랑하는 이에게 미처 다가가지 못하는 이들은 노래방에서 〈사랑했지만〉을 불렀으며 서른 살이 된 이들은 모두 〈서른 즈음에〉를 따라 불렀다.

1980년대나 1990년대 초반까지는 서정적인 발라드가 대세였다면 1990년대에는 컴퓨터 기술을 바탕으로 한 테크노 음악이 등장하며 한국 대중음악에 큰 변화를 불러왔다. 서태지와 아이들의 〈난 알아요〉(1992)는 발라드 위주의 대중가요에 큰 충격을 주었다. 1995년에는 김건모의 〈잘못된 만남〉, 룰라의 〈날개 잃은 천사〉 등이 큰 인기를 얻으면서 한국 대중가요에서 빠른 비트의 음악들이 유행하게 되었다.

1990년대 한국 가요계에서 또 주목해야 할 점은 여성 가수들의 급성장이다. 이는 1990년대 초반, 한국에서 여성의 사회적 지위가 급격히 높아진 것과도 관련이 있다. 근대 이후 한국 사회에서는 여전히 '남아 선호'의 풍조가 뿌리 깊게 남아 있었다. 여성은 남성에 비해 교육의 기회도 적었고 직장에서도 제대로 평가받지 못하였다. 그런 사회적 분위기가 변한 것이 1990년대다. 일방적으로 참고 기다리기만 해야 했던 여성이 1990년대에 당당한 '주체'로 등장하게 된 것이다.

2000년대에 들어 한국 대중음악은 YG, SM 등 대형 기획사를 중심으로 한 아이돌들이 활발하게 활동하게 된다. 1990년대 말의 핑클(Fin.K.L)과 S.E.S, H.O.T를 시작으로 2000년대 이후 소녀시대, 원더걸스, 2NE1, 카라, 티아라, 브라운아이드걸스, 슈퍼주니어, 빅뱅, 동방신기, 엑소, 샤이니 등 아이돌 전성시대라고 할 정도로 수많은 그룹이 출현하였고 이들은 한국 드라마와 더불어 한류의 주역이 되었다. 2010년대 이후 비스트, EXID, 인피니트, 방탄소년단(BTS), 블랙핑크 등이 등장하여 이들 중 대부분이 현재까지 활발히 활동하고 있다.

특히 2012년에는 가수 싸이(PSY)의 〈강남 스타일〉이 코믹한 뮤직비디오와 흥겨운 리듬으로 세계적으로 인기를 끌었다. 싸이가 재미있는 안무로 인기를 끌었다면 방탄소년단(BTS)은 젊은이들의 고민을 담은 가사, 멤버들의 음악적 능력, 힘이 넘치는 안무 등 음악적으로 실력을 인정받아 전세계적인 인기를 끌고 있다. 2021년에는 이들의 음악이 미국 빌보트 차트에서 오랫동안 1위를 차지하기도 하였다. 이들은 10대와 20대 청춘들의 생각, 삶과 사랑, 꿈을 주요 소재로 하는 노래들을 통해 자신들만의 세계관을 구축하고 있다.

- 갈구하다: 간절히 바라며 구하다. 渴求하다. yearn for.
- 구가하다: 행복한 처지나 기쁨 따위를 거리낌 없이 나타내다. 謳歌하다. enjoy.
- 안무: 음악에 맞게 춤을 추는 일. 按舞. choreography.
- 구축하다: 체계 등의 기초를 만들다. 構築하다. build.
- 남아 선호: 여자아이보다 남자아이를 임신해 낳기를 원하는 태도. 男兒選好. preference for

sons.

- 풍조: 시대에 따라 변하는 세상의 모습. 風潮. trend.
- 기획사: 공연 기획이나 음반 제작, 연예인을 발굴·훈련·관리하는 등의 일을 전문으로 하는 회사. 企劃社. agency.

연습문제 ────────────────────────────

〈이등병의 편지〉 노래를 찾아 들어 보고 노래의 화자가 어떤 심정일지에 대해 이야기해 보자.

이등병의 편지

김광석

집 떠나와 열차 타고
훈련소로 가는 날
부모님께 큰절하고
대문 밖을 나설 때
가슴속엔 무엇인가 아쉬움이 남지만
풀 한 포기 친구 얼굴
모든 것이 새롭다
이제 다시 시작이다
젊은 날의 생이여

친구들아 군대 가면 편지 꼭 해다오
그대들과 즐거웠던 날들을 잊지 않게

열차 시간 다가올 때

두 손 잡던 뜨거움

기적 소리 멀어지면 작아지는 모습들

이제 다시 시작이다

젊은 날의 꿈이여

짧게 잘린 내 머리가

처음에는 우습다가

거울 속에 비친 내 모습이

굳어진다 마음까지

뒷동산에 올라서면

우리 마을 보일는지

나팔소리 고요하게 밤하늘에 퍼지면

이등병의 편지 한 장

고이 접어 보내오

이제 다시 시작이다

젊은 날의 꿈이여

2) 영화와 드라마 Movie & Drama

영화는 그 나라의 국민성과 시대성을 잘 보여 주는 매체이다. 최근 몇 년 동안 한국 영화는 헐리우드 영화와 어깨를 나란히 할 정도로 괄목할 만한 성장을 하였다. 수많은 국제 영화제에서 한국 영화가 두각을 드러내 오다가 2020년에는 봉준호 감독의 영화 〈기생충〉이 미국 아카데미시상식에서 작품상, 감독상, 각본상, 국제장편영화상 등 4 개 부문에서 수상을 하였다. 또 2021년에는 영화 〈미나리〉로 윤여정 배우가 미국 아카데미시상식 여우조연상을 수상하기도 하였다. 이러한 쾌거는 하루아침에 이루어진 것이 아니다. 1990년대부터 오늘날에 이르기까지 수많은 영화 제작자들과 배우들의 노력, 그리고 한국 영화에 대한 한국인들의 관심과 자부심이 있었기 때문에 가능한 것이었다.

한국 영화가 세계적으로 알려지게 된 것은 임권택 감독의 〈서편제〉와 〈춘향뎐〉이 계기가 되었다. 〈서편제〉(1993)는 한국의 전통 음악인 '판소리'를 소재로 하고 있고 〈춘향뎐〉(2000)은 한국의 대표적인 고전 소설 '춘향전'을 영화화한 것이다. 이처럼 세계에 처음 알려지게 된 한국 영화는 한국 전통 문화를 소재로 한 것이었다.

한국 영화가 아시아권에서 대중적으로 인기를 얻게 된 계기가 된 작품은 〈엽기적인 그녀〉(2001)이다. 영화의 OST인 신승훈의 〈I believe〉 또한 큰 인기를 얻기도 했다.

한국의 드라마가 해외에 알려지게 된 계기가 된 것은 〈사랑이 뭐길래〉와 〈겨울 연가〉이다. 〈사랑이 뭐길래〉는 엄격한 현대판 자린고비 이 사장 집안과 평화적이고 민주적인 박 이사 집안이 사돈을 맺으면서 일어나는 일들을 코믹하게 그린 드라마로 최민수, 하희라 등이 주연하였다. 한국에서 1991년부터 1992년까지 방영된 이 드라마는 평균 시청률이 59.6%로 한국에서 최고의 시청률을 기록한 드라마다. 이 드라마는 1997년에 중국 CCTV에서 〈愛情是什么〉라는 제목으로 방영되면서 중국에서 큰 인기를 끌었다. 시청자들의 요청으로 이 드라마는 황금시간대에 재방송되기도 하여 당시 중국에서 〈사랑이 뭐길래〉가 얼마나 인기가 있었는지를 보여준다. 한국의 몇몇 영화들이 해외에서 인기를 끌기도 하였지만 한국의 콘텐츠가 해외에서 큰 반향을 불러일으킨 것은 〈사랑이 뭐길래〉부터이다. 그러므로 이 드라마는 한류의 효시라 할 수 있다.

한편 일본에서 인기를 끈 한국 드라마는 〈겨울 연가〉(冬のソナタ, 2002)이다. 배용준과 최지우가 주연으로 출연하였으며 일본의 중년층에게 인기가 높아 배용준은 욘사마[勇さま]라는 애칭을 얻기도 하였다. 또 일본 주부들이 한국을 찾아 드라마 촬영지를 순례하는 장면도 심심찮게 목격되었고, 주부들이 매일 밤 DVD로 이 드라마를 보고 주말에는 한국 여행을 가느라 부부 생활을 거들떠보지 않아 이혼이 급증하는 웃지 못할 풍조도 있었다. 당시 이러한 세태를 일본에서는 '욘플루엔자'라 칭하였다. '욘플루엔자'는 배용준의 인기가 마치 독감(인플루엔자)처럼 전염성이 강하고 한번 걸리면 쉽게 낫지 않는다는 비유로 일본 언론이 만든 신조어이다.

이후 2003년에 〈대장금〉이 아시아 지역을 중심으로 크게 유행하였다. 〈대장금〉은 조선 시대의 의녀 장금의 성공담을 담은 드라마로 한국에서도 41.6%의 평균 시청률을 기록하였다. 이 드라마에 등장하는 '장금'은 실제로 존재했던 인물이다. 조선 시대 역사 기록인 『조선왕조실록』에 그 이름이 여러 차례 등장하는데, '장금'이라는 의녀가 있어 왕의 신임을 얻었다는 기록이 있다. 그러나 〈대장금〉 이야기는 실제로 있었던 것이 아니라 허구적으로 구성한 것이다. 〈대장금〉은 중국, 홍콩, 대만, 일본, 미국, 러시아, 캐나다, 이란, 터키 등에도 수출되어 많은 인기를 끌었고 장금 역을 맡은 이영애는 이 드라마를 계기로 한류 스타로 떠올랐다.

- 두각: 뛰어난 학식이나 재능을 비유적으로 이르는 말. 頭角. prominence.
- 쾌거: 통쾌하고 장한 행위. 快擧. splendid achievement.
- 효시: 어떤 사물이나 현상이 시작되어 나온 맨 처음. 嚆矢. the first.
- 세태: 사람들의 일상생활, 풍습 따위에서 보이는 세상의 상태나 형편. 世態. social conditions.
- 신조어: 새로 생긴 말. 新造語. neologism.
- 의녀: 조선 시대에, 간단한 의술(병을 고치는 기술)을 익혀 궁중에서 심부름하던 여자. 醫女. female Royal Physician.
- 조선왕조실록: 조선 시대에 역사적 사실을 시간 순서대로 기록한 역사서. 朝鮮王朝實錄. Veritable Records of the Joseon Dynasty.

연습문제 —————————————————————————

1. 자신이 가장 재미있게 본 한국의 영화나 드라마에 대해 소개해 보자.

2. 한류가 세계적으로 큰 인기를 얻고 있는 이유에 대해 분석하는 글을 써 보자.

참고문헌

권영민 외,『외국인을 위한 한국문화 읽기』, 아름다운한국어학교, 2009.

김해옥,『외국인을 위한 한국문화읽기』, 에피스테메, 2010.

박한나,『통으로 읽는 한국문화』, 개정판, 박이정, 2017.

양승국·박성창·안경화,『외국인을 위한 한국문화 30강』, 박이정, 2016.

유필재·김선주·마소연·진가리,『키워드로 보는 한국 문화 15강』, 수정판, 역락, 2021.

임경순,『한국어문화교육을 위한 한국문화의 이해』, 한국외국어대학교출판부, 2009.

조동일·이은숙,『한국문화, 한눈에 보인다』, 푸른사상, 2017.

De Mente, Boyé Lafayette, *The Korean Mind: Understanding Contemporary Korean Culture*, North Clarendon: Tuttle Publishing, 2018.

Hoare, James, *Korea - Culture Smart!: The Essential Guide to Customs & Culture*, London: Kuperard, 2012.

Soto, Mancho, *South Korea 101: The Culture, Etiquette, Rules and Customs*, Independently published, 2019.

부록

한국 한자어와 중국어 단어

순번	한국어	한국 한자어	중국어
1	가사	家事	家务
2	간과	看過	忽视
3	간판	看板	招牌
4	간호사	看護士	护士
5	갈증	渴症	干渴
6	감기	感氣	感冒
7	감독	監督	导演
8	감상문	感想文	读后感
9	개최	開催	举办
10	거래	去來	交易
11	거실	居室	客厅
12	검색	檢索	搜索
13	결혼식	結婚式	婚礼
14	경찰서	警察署	警察局
15	계기	契機	机会
16	계란	鷄卵	鸡蛋
17	고등학교	高等學校	高中
18	고등학생	高等學生	高中学生
19	고모	姑母	姑妈
20	고속도로	高速道路	高速公路
21	공수	空輸	空运
22	공연	公演	表演
23	공책	空冊	本子
24	공항	空港	机场
25	과제물	課題物	作业

26	교수진	教授陣	教授团
27	교통체증	交通滯症	堵车
28	구독	購讀	订阅
29	구조	救助	打救
30	근무	勤務	办公
31	근접	近接	接近
32	기분	氣分	心情
33	낙천	樂天	乐观
34	남편	男便	丈夫
35	내일	來日	明天
36	농담	弄談	玩笑
37	다행	多幸	幸亏
38	단속	團束	管制
39	단지	但只	仅仅
40	단축	短縮	缩短
41	단풍	丹楓	枫叶
42	답장	答狀	回信
43	당면	當面	面临
44	대신	代身	代替
45	대접	待接	接待
46	대출	貸出	贷款
47	도착	到着	到达
48	독점	獨占	包揽
49	동료	同僚	同事
50	동생	同生	弟弟(或 妹妹)
51	동창	同窓	同学
52	매번	每番	每次
53	맥주	麥酒	啤酒
54	면접	面接	面试
55	명함	名銜	名片

56	모독	冒瀆	褻瀆
57	모집	募集	召集
58	무료	無料	免費
59	무용	舞踊	舞蹈
60	무참	無慘	羞愧
61	물건	物件	东西
62	미안	未安	抱歉
63	미연	未然	预先
64	발견	發見	发现
65	방송	放送	广播
66	방송국	放送局	电视台
67	방학	放學	放暇
68	배려	配慮	考虑
69	배분	配分	分配
70	배우	俳優	演员
71	번	番	号
72	번호	番號	号码
73	벌금	罰金	罚款
74	별도	別途	另外
75	병실	病室	病房
76	병원	病院	医院
77	복권	福券	彩券
78	복사	複寫	复印
79	본관	本館	主楼
80	봉급	俸給	薪水
81	봉사	奉仕	服务
82	분실물	紛失物	失物
83	분야	分野	方面
84	분위기	雰圍氣	气氛
85	불면	不眠	失眠

86	비밀번호	秘密番號	密码
87	비행기	飛行機	飞机
88	사과	謝過	道歉
89	사진	寫眞	照片
90	사진기	寫眞機	照相机
91	산책	散策	散步
92	상담	相談	咨询
93	상대방	相對方	对方
94	색채	色彩	彩色
95	생리	生理	月经
96	서류	書類	文件
97	선물	膳物	礼物
98	선호	選好	喜好
99	설령	設令	即使
100	성품	性品	品格
101	세관	稅關	海关
102	세수	洗手	洗脸
103	세탁	洗濯	洗衣
104	세탁소	洗濯所	洗衣店
105	소중	所重	珍重
106	소포	小包	包裹
107	소풍	逍風	郊游
108	속달	速達	快递
109	송금	送金	汇款
110	수령	受領	领取
111	수업	受業	上课
112	수영장	水泳場	游泳池
113	수입	輸入	进口
114	수출	輸出	出口
115	수표	手票	支票

116	승진	昇進	进级
117	시계	時計	表
118	시작	始作	开始
119	시험	試驗	考试
120	식구	食口	家人
121	식기	食器	餐具
122	식사	食事	吃饭
123	신부	新婦	新娘
124	신입사원	新入社員	新职员
125	심각	深刻	严重
126	안내	案內	咨询
127	안심	安心	放心
128	야구	野球	棒球
129	야근	夜勤	夜班
130	약골	弱骨	瘦小
131	약속	約束	約定
132	언어	言语	语言
133	여권	旅券	护照
134	역할	役割	角色
135	영수증	領收證	发票
136	영화	映畫	电影
137	오전	午前	上午
138	오해	誤解	误会
139	오후	午後	下午
140	외삼촌	外三寸	舅舅
141	욕심	慾心	贪心
142	우둔	愚鈍	愚蠢
143	우선	于先	首先
144	우편	郵便	邮件
145	운전	運轉	驾驶

146	월급	月給	月薪
147	월요일	月曜日	星期一
148	유념	留念	留心
149	유능	有能	能干
150	유적지	遺蹟地	遗址
151	이모	姨母	姨妈
152	이사	移徙	搬家
153	인형	人形	娃娃
154	일과	日課	日程
155	자동차	自動車	汽车
156	자전거	自轉車	自行车
157	자진	自進	主动
158	잔고	殘高	余款
159	잔업	殘業	加班
160	장갑	掌甲	手套
161	장기	將棋	象棋
162	장례식	葬禮式	葬礼
163	장점	長點	优点
164	저금	貯金	存款
165	저의	底意	用心
166	전공	專攻	专业
167	절박	切迫	迫切
168	점수	點數	分数
169	점심	點心	午饭
170	정각	定刻	准时
171	제한	制限	限制
172	주민등록증	住民登錄證	居民身份证
173	주소	住所	地址
174	주식	株式	股票
175	지각	遲刻	迟到

176	지갑	紙匣	钱包
177	직장	職場	单位
178	질문	質問	提问
179	창문	窓門	窗户
180	창피	猖披	丢脸
181	책상	冊床	书桌
182	초래	招來	导致
183	최선	最善	最佳
184	축구	蹴球	足球
185	축제	祝祭	庆祝会
186	출근	出勤	上班
187	출장	出張	出差
188	취재	取材	采访
189	친구	親舊	朋友
190	통제	統制	控制
191	퇴근	退勤	下班
192	퇴직	退職	退休
193	편안	便安	舒服
194	평화	平和	和平
195	포옹	抱擁	拥抱
196	표현	表現	表达
197	한가	閑暇	休闲
198	한심	寒心	心寒
199	회사	會社	公司
200	흥미	興味	兴趣

찾아보기